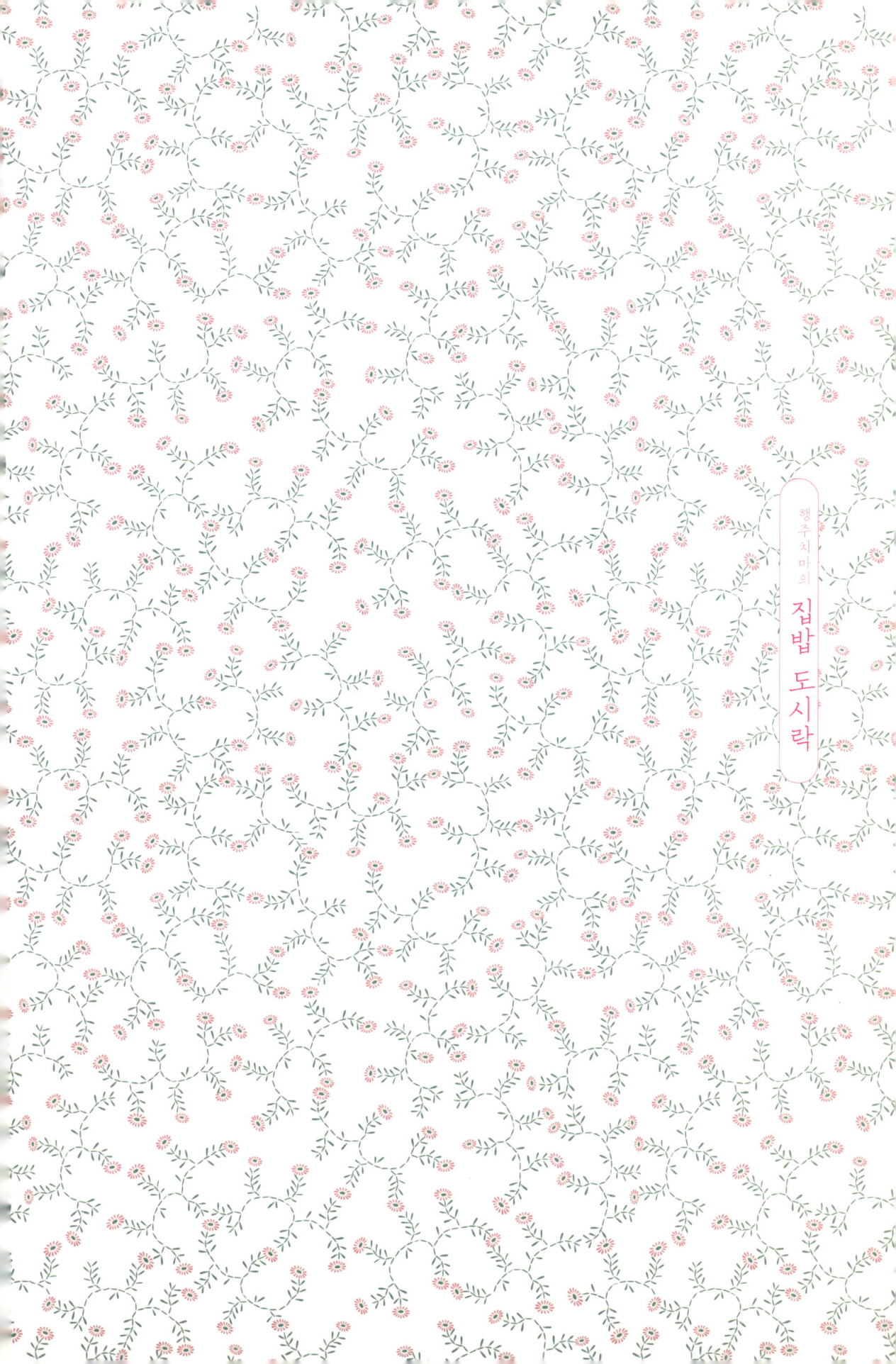

행주치마의

집밥 도시락

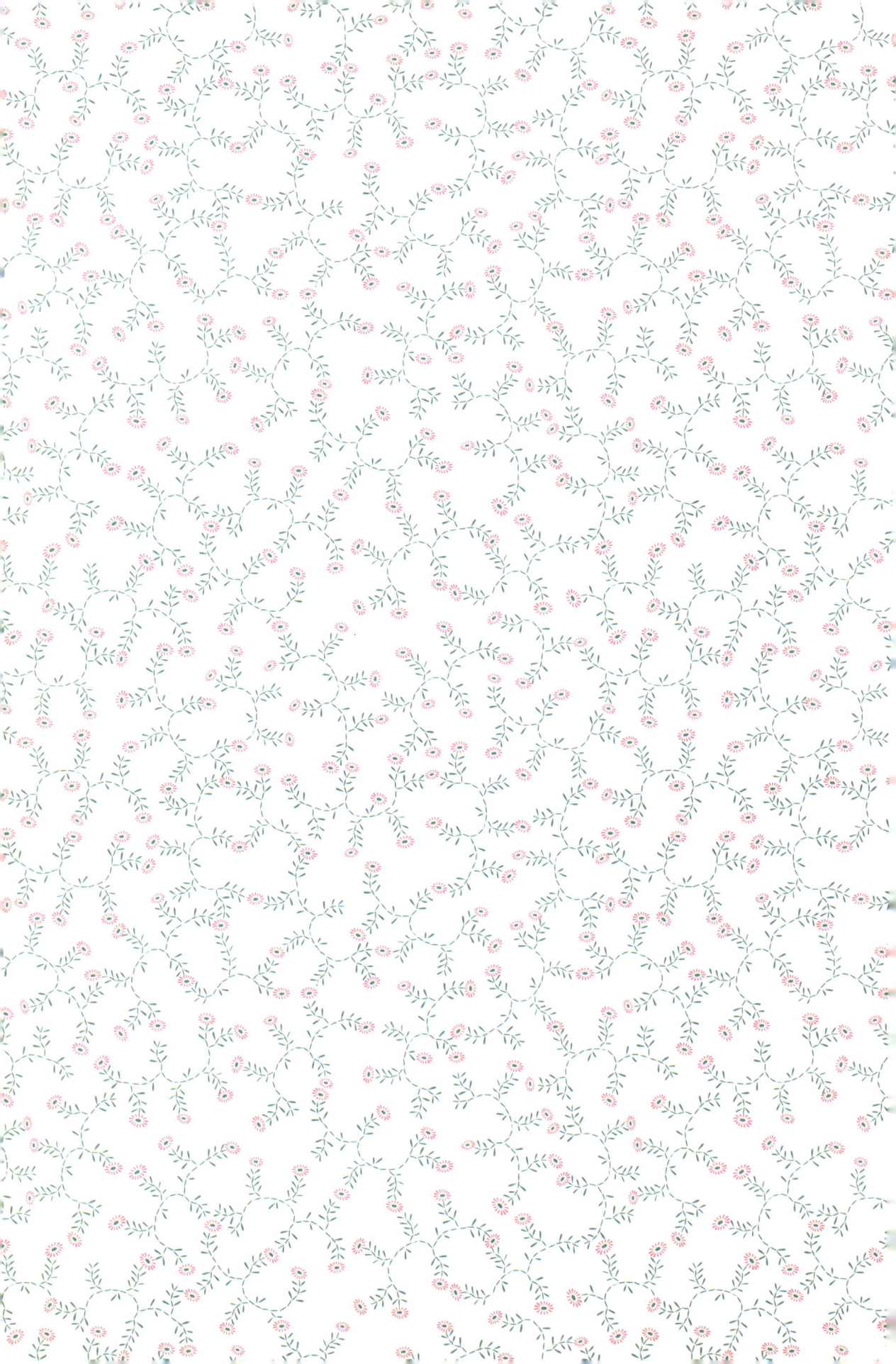

행주치마의

집밥 도시락

매일 싸도 부담 없는
매일 먹어도 물리지 않는
속 편한 한식 도시락

행주치마 ·· 조수경 지음

미호

나의 하루는 도시락 싸기로 시작해 도시락 씻기로 끝난다. 바깥에서 먹는
밥은 시간이 조금 지나면 허기가 진다고 해서 처음 남편의 도시락을 싸기
시작했던 것이 벌써 20년 전이다. 처음에 남편과 함께 도시락 싸기에 동참했던
남편의 직장 동료들은 얼마 못 가 그만두고 말았지만, 나는 오늘도 도시락을
싼다. 덕분에 소문만 듣고 우리 집에서 밥 한번 먹는 것이 소원이라는 사람도
생기고, 변함없이 도시락을 싸는 모습이 존경스럽다는 이야기도 들었다.
사실 내가 싸는 도시락에는 많은 의미가 담겨 있다. 어린 시절 늘 배가
고팠다는 남편에게 부인 잘 만나서 잘 얻어먹고 산다는 말을 듣게 해주고
싶었는지도 모르겠다.

〈행주치마의 집밥 도시락〉 책 출간 제의를 받았을 때 흔쾌히 수락했던
이유가 두 가지 있다. 먼저 10살 무렵부터 집안일을 도맡아 했던 어린 시절이
아직 나에게 상처로 남아 있는데, 그것을 극복해보고 싶었다. 그리고 또 한
가지는 아이들에게 열심히 사는 엄마 모습을 보여주고 싶었다.

큰딸이 고3이 되었을 즈음 나는 엄마로써 뭔가를 해내고 싶다는 생각을
많이 했다. 고민을 많이 했지만 역시 내가 가장 잘하는 일은 살림이고
요리였다. 이런 나의 마음을 안 작은딸이 엄마도 할 수 있다며 블로그 간판을
만들어주어서 블로그를 시작하게 되었다. 당시에 서툴게 찍어 흔들리는 사진
파일과 두서 없는 글 속에도 나의 부지런함과 성실함은 고스란히 담겨 있다.
시작은 그랬지만 하다 보니 블로그라는 공간이 참 매력적이었다. 꾸준히
블로그를 운영하니 어느 새 사람들이 나의 요리에 관심을 많이 가져주었고,
2010년에는 파워 블로그로 선정되었다. 그리고 지금까지 행주치마라는
닉네임으로 많이 사랑 받고 있다. 닉네임을 행주치마로 정한 이유는 내
모습을 머릿속에 떠올리면 앞치마를 두르고 있는 모습이 가장 먼저 떠올랐기
때문이다.

지난 2016년 여름 대구의 폭염은 대단했었다. 나는 날씨가 밝은 날에는 책에
들어갈 사진을 찍느라 바빴다. 하루 중 내가 작업할 수 있는 시간은 고작
막내가 어린이집에서 돌아오기 전 3~4시간뿐이었다. 이 시간 안에 레시피를
만들고 사진을 찍고 뒷정리를 모두 해내야 했다. 그리고 주말에는 남편과 함께
재래시장과 마트, 그리고 인근 오일장을 찾아 다니면서 재료를 준비했다.
아이들에게 열심히 사는 엄마, 부지런한 엄마, 노력하는 엄마의
모습을 보여주기 위해 정말 열심히 작업했다. 목록을 정리하고 레시피를
만들고 사진을 찍는 원고 작업을 통해 느꼈던 것은 내가 정말 요리를
좋아하는 사람이구나, 였다.

막내가 태어난 이후로 하루도 편안하게 쉬어본 적이 없는 나를 일중독이라고
남편은 말한다. 어릴 때부터 노는 것보다 일하는 것이 더 익숙한
나는 요리를 따로 배워본 적은 없다. 요리에 대한 첫 관심의 시작은 어릴
적 친구 언니였고 결혼 후에는 EBS 요리 프로그램에 나오셨던 많은 요리
선생님들이시다. 따라 하다가 나만의 레시피가 만들어졌고 이제는 간을
보지 않고 눈으로만 봐도 따라 할 수 있는 내공이 생겼다. 그럼에도 요리
공부에 대한 갈망은 항상 따라다닌다. 특히 전통음식에 대한 관심이 많다.
기회가 되면 명인들의 비법들을 배울 생각이다.

오늘날 이 행복한 가정을 꾸려 나갈 수 있었던 건 언제나 내 편인 남편이
있었기 때문이다. 또 예쁘고 똑똑한 우리 아이들은 사춘기 한번 별나게 겪지
않고 잘 자랐다. 자상한 남편과 착하고 예쁜 아이들은 나의 힘이고 자랑이다.

우리 가족을 위해서 재료를 고르고 음식을 만드는 노하우를 이 책에 담았다. 이 책을 통해 엄마들이 조금이나마 배워갔으면 좋겠다. 돈만 주면 맛 좋은 음식을 얼마든지 사먹을 수 있지만, 엄마의 정성과 사랑은 돈으로는 살 수 없다.

마지막으로 〈행주치마의 집밥 도시락〉 출간을 도와준 남편과 사랑하는 아이들 소희, 소연, 상호, 지호, 그리고 세상에 나를 있게 해준 부모님께 이 책을 바치고 싶다.

행주치마 조수경

Part
01

매일 간단 도시락

Part
02

한 그릇 도시락

Part
03

든든 도시락

Part 04

스페셜 도시락

밥숟가락

계량법

이 책에서는 계량 스푼을 따로 준비할 필요 없이 평범한 밥숟가락으로 재료를 계량했다. 계량 스푼이 있어도 사용하려고 하면 어디로 갔는지 보이지 않고, 귀찮기도 해서 늘 밥숟가락으로 양념의 양을 설정한다. 주부들에게는 밥숟가락을 사용하는 것이 익숙하기도 하고 편리하기도 하다.

이 책의 계량법

가루 분량 재기	액체 분량 재기

1숟가락

: 숟가락으로 수북이

1숟가락

: 숟가락 가득

1/2숟가락(반 숟가락)

: 숟가락의 절반 정도

1/2숟가락(반 숟가락)

: 숟가락의 반정도

조금

: 숟가락의 1/3 정도

조금

: 숟가락의 1/3 정도

장류 분량 재기	1컵

1숟가락

: 숟가락 위로 올라오도록

계량컵과 종이컵 기준

1/2숟가락(반 숟가락)

: 숟가락의 절반 정도

조금

: 숟가락의 1/3 정도

알아두면 도움이 되는
행주치마의 집밥 도시락 양념

국간장과 조림장의 쓰임새

- 국간장은 국이나 찌개에 사용하며 국간장 대신 액젓을 사용해도 맛이 좋다.
- 조림이나 볶음 요리에는 조림장을 쓰는 것이 좋다.

음식의 간 맞추기

- 한 번에 완성하려고 하지 않는다. 처음에는 간을 2/3 정도만 하고 마지막에 소금으로 마무리 간을 하면 실패할 확률이 낮아진다.

고춧가루 적절하게 사용하기

- 보통 고춧가루에 고운 고춧가루를 섞어서 사용하면 같은 양의 고춧가루라도 색이 더 곱다.

단맛 내기

- 단맛은 물엿을 기본으로 표기하였지만 올리고당, 과일 청, 매실 액, 조청, 꿀을 사용한다.

참기름과 들기름

- 나물 무칠 때나 조림, 볶음요리에 참기름과 들기름은 맨 마지막에 넣는다.

미리 준비해놓으면 좋은

기본 양념들

음식의 맛을 살리기 위해서는 기본 양념이 아주 중요하다. 20여 년간 도시락 반찬을 건강하고 맛있게 준비할 수 있었던 건 틈틈이 준비해두었던 나만의 기본 양념이 있었기 때문이다.

필요할 때마다 그때그때 만들어 먹는 것이 아니라 한번 담가두면 오랫동안 요긴하게 쓰이는 초고추장 만드는 비법과 야채와 과일로 만드는 조림장, 그리고 제철에 나오는 건강한 재료로 만든 기본 양념을 준비하다 보니 자연스럽게 살림에 내공이 생겼다.

도시락 반찬뿐 아니라 매일 먹을 식사의 반찬이 어렵다면 행주치마가 사용하는 기본 양념들이 큰 도움이 될 것이다.

초고추장

나만의 초고추장이 탄생되기까지는 살림의 고수이신 동네 형님들의 도움이 있었다. 그들의 노하우를 토대로 나만의 초고추장을 만들어내기까지, 몇 번의 실패를 겪었는지 모른다. 그렇게 시행착오를 거쳐 나만의 황금비율을 만들어냈다. 새콤달콤하게 만든 초고추장은 설탕과 식초의 배합이 어려운 사람들에게도 아주 요긴하다. 한번 만들어두면 일 년 내내 음식의 맛을 내는 데 아주 편리하게 이용할 수 있다.

───────── 재료 ─────────

고운 고춧가루 2컵 ◦ **쌀엿** 1컵 ◦ **설탕** 4숟가락 ◦ **볶은 소금** 2숟가락 ◦
매실 액 2숟가락 ◦ **탄산수** 2컵 ◦ **3배 식초** 1컵 ◦ **다진 마늘** 2숟가락 ◦
다진 생강 1숟가락

고운 고춧가루를 준비한다.

물 1컵을 끓여 쌀엿과 설탕을 넣어 녹인 다음 식으면 고춧가루에 붓는다.

고춧가루 덩어리가 생기지 않게 주걱으로 풀어준다. 탄산수, 볶은 소금, 다진 마늘, 다진 생강을 넣는다.

3배 식초와 매실 액은 제일 나중에 넣는다. 이렇게 만든 초고추장은 바로 먹어도 되지만 일주일 숙성을 거치도록 한다.

쌈장

누가 가르쳐주지 않아도 쌈장을 짜지 않고 맛있게 만들어낼 수 있었던 건, 옛날 우리 전통 된장 늘리기에서 배운 비법 덕분이다. 채소를 좋아하는 남편의 식성도 맞추고, 건강까지 생각하는 쌈장 양념은 나물 반찬을 건강하고 맛있게 먹을 수 있는 행주치마의 비법이다.

───────────── (재료) ─────────────

불린 메주콩 4컵 ◦ **물** 6컵 ◦ **전통 된장** 6컵 ◦ **고추장** 2컵 ◦ **고운 고춧가루** 1컵
◦ **콩물** 1컵 ◦ **새우 가루** 반 컵 ◦ **멸치 가루** 반 컵 ◦ **조청** 1컵

TIP 쌈장은 이른 봄 봄나물을 먹을 때쯤 만들어 일 년 내내 맛있게 먹는다.

메주콩을 하룻밤 불린 후 물을 부어 삶는다. 끓으면 중불로 줄여 10분 삶고, 약불로 1시간 30분을 삶으면 메주콩이 잘 삶아진다.

삶은 메주콩은 손으로 만져서 으깨질 정도가 되어야 한다. 잘 삶아진 메주콩은 갈색 빛이 돈다.

—

메주콩 삶은 콩물은 버리지 않는다.

메주콩을 방망이로 으깬다. 으깬 메주콩에 1차 양념인 집 된장, 고추장, 고운 고춧가루를 넣어준다. 2차 양념으로 멸치 가루, 새우 가루, 콩물, 조청을 넣어 저어준다. 표고버섯 가루를 추가해도 좋다.

완성된 기본 쌈장이다. 제철에 나오는 나물에 쌈장과 마늘, 참기름만 추가하면 맛있는 나물 반찬도 되고 된장국도 쉽게 만들 수 있다.

—

건과류나 건과일을 넣어 쌈 채소와 곁들이면 영양만점 쌈장이 되기도 한다.

조림장

조림장을 만들어 먹기 시작한 것은 10년이 훌쩍 넘었다. 한 달에 한 번 꼴로 조림장을 만드는데, 계절에 따라 재료를 다르게 넣어야 한다는 것도 자연스럽게 배웠다. 봄여름에는 저장성이 떨어져 과일과 야채를 줄이는 대신 황기를 넣어 만들고, 겨울에는 단맛이 나는 과일을 넉넉하게 넣어도 좋았다. 계절에 따라 추가하는 재료는 약간씩 다르지만 기본적으로 들어가는 재료만 지키면 어디 내놓아도 훌륭한 조림 양념과 무침 양념이 되었다.

⎯⎯⎯⎯⎯⎯⎯⎯⎯ 재료 ⎯⎯⎯⎯⎯⎯⎯⎯⎯

양조간장(진간장) 7컵 ◦ **설탕** 2컵 ◦ **물** 15컵 ◦ **생강** 50g ◦ **마늘** 50g ◦

양파 200g ◦ **배** 반 개 ◦ **사과** 반 개 ◦ **대파** 1뿌리 ◦

말린 표고버섯 30g ◦ **청주** 1컵

1

배, 사과, 대파, 양파, 표고버섯, 생강, 마늘을 준비한다. 준비된 재료에 물을 부어준다. 끓으면 불을 줄여 중불에서 약 1시간 30분 끓인다.

–

양파는 껍질째 준비하는 것이 좋다.

2

생강 채소 육수를 면포에 걸러준다.

3

채소 육수가 6컵 정도 나온다. 채소 육수에 진간장, 설탕을 넣고 끓인다.

4

끓으면 불을 줄여 10분간 더 끓인 후에 청주를 넣고 바르르 한 번 더 끓이고 불을 끈다. 완전히 식힌 조림장은 유리병에 보관해두고 먹는다.

맛기름

맛기름은 볶음밥이나 전, 볶음 요리에 좋다. 콩 식용유에 향신채를
넣어 향을 낸 기름으로 전을 부쳐내면 전 잘 부치는 집으로 소문
날 만큼 맛있는 냄새가 솔솔 난다. 솜씨 자랑하고 싶은 날 맛기름
으로 요리하면 가족들의 탄성은 보장된다.

───────────(재료)───────────

식용유 10컵 ○ **마늘** 50g ○ **생강** 50g ○ **대파** 1뿌리 ○

양파 반 토막 ○ **사천 고추** 10개

양파, 마늘, 대파, 생강, 사천 고추, 향신채와
콩 식용유를 같이 넣어 처음부터 끓인다.

바글바글 끓어 오르면 불을 약불로 줄여
향을 낸다.

20~30분 정도 끓여서 향신채에 갈색이
돌면 완성이다.

완전히 식힌 맛기름은 거름종이에 걸러
병에 보관해둔다.

기본 양념으로 음식 맛 살리기

통깨

국산 통깨는 여윳돈을 더 주고 사올 만큼 중요하다. 고소함이 배가 되는 통깨를 약한 불에 서서히 타지 않게 볶아서 밀폐 통이나 병에 보관해서 먹는다.

고운 고춧가루

국내산 태양초 고추로 준비하는 것이 좋다. 음식의 색을 낼 때 고운 고춧가루를 사용하면 더 먹음직스럽게 보인다.

통 들깨

나물 무침이나 전, 볶음밥에 이용하면 자연스럽게 영양 많은 통 들깨를 섭취할 수 있다. 통 들깨를 약한 불에서 서서히 볶은 다음 밀폐 통에 보관해두고 먹는다.

가장 많이 쓰이는 고춧가루

식성에 따라 매운맛을 조절하여 구입한다. 또는 건고추를 직접 구입해 방앗간에서 빻아놓고 먹는다.

견과류 가루

선물 받은 견과류를 모아서 가루로 만들어
두면 무침, 볶음 양념에 두루두루 쓰인다.

말린 생강

제철에 나오는 토종 생강을 구입해 편을
썰어 건조기에 말려서 보관해둔다.

새우 가루

주로 된장국에 넣어 먹는다. 보리새우를 구
입해 열이 오른 팬에 아무것도 두르지 않
고 볶아서 믹서기에 갈면 된다.

생강 절임

생강을 편 썰어 설탕에 재운 생강 절임이
다. 김치에 넣는 생강으로 이용하기도 하
고 감기 걸렸을 때 도라지와 대추를 함께
넣어 차로도 즐긴다.

사천 고추

매운맛을 배가 시킬 때 좋은 베트남 고추이다.

전통 된장

아파트에서도 전통 된장을 담가 먹을 수
있다. 웃소금을 넉넉하게 얹어두면 가시가
찾아오지도 않는다.

고추장

고춧가루와 메주 가루, 조청, 굵은 소금, 청
주로 담는 약식 고추장이다.

고추기름

고춧가루, 대파, 생강, 마늘로 향을 낸 고추
기름이다. 국, 찌개, 볶음, 무침 요리에 매
콤한 맛을 내준다.

매실 액

일 년 내내 즐겨 먹는 매실 액은 6월 중순
경에 담는 것이 제일 좋다고 한다. 좋은 매
실을 구할 수 있는 시기가 6월 초에서 중순
이기 때문이다.

국간장

어느 해는 직접 담은 국간장이 맛이 없었
다. 너무 속상해서 달여도 보고 웃소금을
더 넣어보기도 했으나 맛은 그다지 좋아지
지 않았다. 액젓과 국간장을 섞어서 먹으니
괜찮았다.

영양 만점

밥 짓 기

도시락 밥은 잡곡밥 위주로 하는 것이 좋다. 제철에 나오는 재료를
손질해서 냉동 보관해두면 언제나 영양만점인 밥을 지을 수가 있
다. 고구마, 옥수수, 땅콩 등 건강한 재료를 넣어 밥을 짓는 일은 어
려울 것도 없다. 쌀을 불리고 밥을 하기 전 미리 준비해두었던 다양
한 건강식 재료를 얹으면 도시락으로도 다양한 밥을 즐길 수 있다.

말린 재료로 영양 밥 만들기

계절마다 나오는 재료들을 손질해서 보관해두면 영양 만점 밥 짓기는 문제없다.

밤은 껍질을 벗겨서 냉동 보관하고, 옥수수와 땅콩은 쪄서 보관한다. 완두콩과 강낭콩은 껍질

을 까서 보관하고, 단호박은 얇게 썰어 건조기에 말려서 보관한다.

버섯 말리기는 주로 가을에 해둔다. 새송이버섯, 표고버섯, 양송이버섯, 늙은 호박은 도톰하게 썰어 건조기에 말려서 보관해두면 영양 만점 밥 짓기에 중요한 식재료가 된다.

양념 간장만 곁들이면 버섯밥이 되기도 하고 물에 불려 들기름으로 볶으면 버섯나물이 된다. 된장국에도 버섯 한 줌을 넣으면 격이 달라진다.

이렇게 틈틈이 준비해두면 도시락 반찬도 가족을 위한 매일 반찬도 무서울 게 없다. 계절마다 나오는 건강한 식재료들을 준비하다 보면 어느새 살림에 재미가 묻어난다.

여기서 말하는 영양 밥 짓기는 불 조절이 필요한 솥밥이 아니라 간단하고 편리한 압력솥에서 밥 짓는 요령이다. 밥을 짓기 전에 밥 물의 양을 살펴본다. 햅쌀의 밥 물 양은 1:1, 묵은 쌀의 밥 물 양은 1:1.5라고 기억한다. 쌀은 밥을 짓기 전에 30~40분 정도 불린다.

버섯 밥

도시락을 매일 싸다 보면 도시락 권태기도 찾아
온다. 밥하기 싫은 날이나 도시락 반찬이 궁색
한 날 미리 준비해둔 버섯으로 밥을 하면 도시
락 주인공은 대접받는 기분이 든다고 했다. 버
섯 밥에 부추 간장이나 달래 간장을 곁들이면
영양 만점 식사로 손색없다.

──────────(재료)──────────

불린 쌀 3컵 ◦ **물** 3컵 ◦ **모둠 버섯과 호박 말린 것** 1컵
(표고버섯, 새송이버섯, 양송이버섯, 늙은 호박 말린 것)

고구마 옥수수 밥

먹고 싶으면 언제든지 먹을 수 있는 고구마와 옥수수지만 바쁜 직장인들은 자주 챙겨 먹기 어렵다. 섬유질이 많아 변비에 좋은 고구마는 특히 나의 도시락 주인공에게는 꼭 필요했다. 고구마를 자연스럽게 먹기 위해 찾아낸 나만의 방법으로 만들어진 밥이다.

─────（ 재료 ）─────

불린 쌀 3컵 ○ **물** 3컵 ○ **고구마** 1개 ○ **옥수수** 반 컵

밤 땅콩 밥

가을이 되면 땅콩과 밤을 구입한다. 넉넉하게 구입한 땅콩을 껍질째 삶아 알알이 까서, 지퍼백에 소분해 냉동고에 보관해두고 필요할 때마다 사용한다. 밤은 생밤의 껍질을 벗겨 지퍼백에 소분해서 냉동 보관해두면 약밥, 호박죽, 밤 조림 등에 사용할 수가 있어서 좋다.

─────（ 재료 ）─────

불린 쌀 3컵 ○ **물** 3컵 ○ **밤** 반 컵 ○ **땅콩** 반 컵

단호박 강낭콩 밥

취나물 밥

노오란 단호박색에 눈이 즐겁다. 흰 쌀밥의 부족한 영양소를 채우기에 부족함이 없는 단호박과 강낭콩으로 밥을 지어본다.

건 취나물은 삶아서 소분해서 보관해두면 좋다. 취나물 밥에 양념 간장을 곁들이면 도시락밥이 특별해진다.

───(재료)───

───(재료)───

불린 쌀 3컵 ◦ **물** 3컵 ◦ **단호박** 반 컵 ◦ **강낭콩** 반 컵

불린 쌀 3컵 ◦ **물** 3컵 ◦ **건 취나물** 1컵

쉽고 편하게 곁들이기 좋은

국

환절기 도시락에는 맑은 국을 꼭 준비했다. 목을 많이 쓰는 나의 도시락 주인공은 봄가을이 되면 목의 통증을 호소했다. 목 넘김이 좋은 부드러운 국이나 차를 보온병에 담아서 보내면 내 마음도 편안했다. 도시락 국으로는 매운 국이나 기름기가 많은 것은 피하는 것이 좋고 맑고 담백한 된장국이나 맑은 국이 좋다. 구하기 쉬운 제철 재료로 쉽고 간단하게 국 끓이는 방법을 소개할까 한다.

멸치 육수 내기

인공조미료를 사용하지 않고 감칠맛을 내는데 멸치 육수만 한 것이 없다.
멸치 육수는 떨어지기가 무섭게 만들어서 냉장고에 보관해두고 찌개나
국에 사용한다.

─────── 재료 ───────

멸치 반 컵 ◦ **건새우** 반 컵 ◦ **양파** 1개 ◦ **다시마** 5조각 ◦ **대파** 2뿌리 ◦ **물** 16컵

멸치, 다시마, 건 새우, 대파, 양파를 준비
한다.

—

양파는 껍질째 준비한다.

아무것도 두르지 않은 팬에 멸치와 건 새
우를 1분 정도 볶아준다.

—

이렇게 하면 냉장고에 보관했던 멸치와 건 새
우의 잡냄새를 제거할 수 있다.

대파와 양파, 다시마를 넣고 물을 부어 끓
여준다. 끓으면 중불로 줄인다. 다시마
는 10~15분 후 건져낸다.

—

다시마는 오래 끓이면 점액질이 나와 멸치 육
수가 탁해진다. 건져낸 다시마는 국에 넣어서
활용한다.

30~40분 끓이고 건더기는 건져낸다.

얼갈이 배춧국

얼갈이 배추는 가장 흔한 재료로, 구하기 쉬운 채소이며 가격도 저렴하다.

(재료)

삶은 얼갈이 배추 2컵 ◦ 표고버섯 불린 것 반 컵 ◦ 전통 된장 1숟가락 반 ◦
멸치 육수 8컵 ◦ 다진 마늘 반 숟가락 ◦ 들기름 1숟가락 ◦ 소금 조금

얼갈이 배추는 끓는 물에 굵은 소금을 넣고 삶아, 먹기 좋게 썰어둔다. 전통 된장과 말린 표고버섯은 찬물에 씻어 물기를 짜서 준비해둔다.

—

얼갈이 배추는 아삭아삭한 식감이 살아있게 삶는 것이 좋다. 표고버섯은 물에 불리지 않고 씻어서 준비한다.

얼갈이 배추와 표고버섯, 전통 된장, 들기름을 넣는다. 모든 재료를 조물조물 무친다.

멸치 육수를 부어 국물의 양을 잡는다.

끓으면 중불로 줄여 다진 마늘을 넣고 5분간 더 끓인다. 마지막 간은 소금으로 한다.

달걀국

달걀국은 어른 아이 다 좋아하는 부드러운 국이다. 멸치 육수에 달걀을 풀어 대파만 썰어 넣으면 되는 간단한 국이어서 도시락에 곁들이는 국으로 언제든지 좋았다.

───────── 재료 ─────────

달걀 3개 ◦ 대파 1뿌리 ◦ 멸치 육수 3컵 ◦

국간장 반 숟가락 ◦ 소금 조금 ◦ 후추 조금

달걀은 잘 풀어 둔다. 대파는 송송 썰어서 준비해둔다.

냄비에 멸치 육수가 끓으면 달걀 물을 휘휘 돌려가며 부어준다.

달걀이 익을 때까지 젓가락이나 숟가락으로 젓지 말아야 한다.

달걀이 익어 떠오르면 소금과 후추로 마무리 간하고 대파를 넣는다. 간단하게 달걀국이 완성된다.

오징어 뭇국

오징어 껍질을 벗기지 않고 오징어 뭇국을 끓이면 더 시원하게 느껴진다. 오징어 껍질에 들어 있는 타우린 성분이 도시락 주인공의 피로회복에 보탬이 되어줄 거다.

재료

오징어 1마리 ○ 무 1컵 ○ **다시마** 반 컵 ○ **물** 9컵 ○

대파 1뿌리 ○ **다진 마늘** 반 숟가락 ○ **국간장** 1숟가락 ○ **소금** 조금 ○ **후추** 조금

토막낸 다시마에 물 9컵을 부어 육수를 우린다. 끓기 시작하면 불을 중불로 줄여서 10~15분간 끓이고 다시마는 건진다.

오징어는 폭 1cm, 길이 4cm로 썰어둔다. 무는 네모 납작하게 썰고 대파는 어슷썬다. 우려낸 다시마도 썰어서 준비한다.

—

오징어 내장을 제거하고 물렁뼈를 제거한 후 깨끗이 씻어 반으로 잘라서 썰면 쉽다.

다시마 육수에 무를 먼저 넣고 무부터 익힌다. 무가 익으면 오징어를 넣는다. 오징어가 익으면서 국물에 핑크빛이 돌기 시작한다. 국간장으로 간을 한다.

대파와 다시마, 다진 마늘, 소금, 후추로 간한다.

두부 미역 된장국

끓이기가 간단해 주로 아침 식사나 도시락에 곁들이기 좋은 국이다. 멸치 육수에 불린 미역, 두부를 넣어 끓인 된장국은 누가 먹어도 부담이 없는 속 편한 국이다.

─────────────── 재료 ───────────────

불린 미역 1컵 ◦ **두부** 반 토막 ◦ **멸치 육수** 7컵 ◦
된장 1숟가락 반 ◦ **다진 마늘** 반 숟가락 ◦ **소금** 조금

미역은 찬물에 10~15분 정도 불리면 잘 풀어진다. 두부는 깍둑썰기를 하여 준비한다.

멸치 육수에 된장을 체에 받쳐 풀어준다. 된장을 푼 멸치 육수가 끓어오르면 불린 미역과 두부를 넣고 불을 줄여 5분 정도 더 끓여준다.

끓어오르면서 생기는 거품을 제거해주는 것이 국물이 깔끔하다.

다진 마늘을 넣고 모자라는 간은 소금으로 마무리한다.

북엇국

도시락 주인공들은 주로 책상에서 많은 시간을 보내는 학생들이나 직장인들일 것이다. 나의 도시락 주인공이 제일 좋아하는 국이기도 해서 피를 맑게 하고 혈액순환에 좋은 북엇국을 자주 끓였다. 우리 집 인기쟁이 속풀이 해장국으로 긴 시간 사랑 받고 있다. 조리 방법도 간단하다.

──────────────── 재료 ────────────────

북어 1줌 ◦ **양파** 반 토막 ◦ **대파** 1뿌리 ◦ **달걀** 1개 ◦ **멸치 육수** 6컵 ◦
참기름 1숟가락 ◦ **국간장** 1숟가락 반 ◦ **다진 마늘** 반 숟가락 ◦ **후추** 조금

북어는 분무기로 물을 뿌려 촉촉하게 만들어놓는다. 양파와 대파는 채 썰어둔다. 달걀은 잘 풀어 놓는다. 참기름 1숟가락을 넣고 북어를 볶아준다.

—

육수를 조금씩 부어가면서 볶아주어야 뽀얀 국물이 나온다. 참기름 대신 들기름을 사용해도 좋다.

북어가 볶아지면서 오그라들면 육수로 국물의 양을 잡아준다.

—

육수는 멸치 육수, 다시마 육수, 채소 육수 모두 다 괜찮다.

국물이 끓어오르면 양파, 대파, 다진 마늘을 넣는다.

국물이 끓어오르면 달걀 물을 돌려가며 부어준다. 마지막 간은 소금과 후추로 완성한다.

—

달걀 물을 넣고 젓지 말아야 달걀이 풀어지지 않고 잘 어우러진다.

간단 도시락

도시락은 나의 일상이다. 매일같이 도시락을 싸는 일은
결코 쉽지 않았다. 하루하루가 쌓여 20년이란 시간이
흘렀음에도 아직도 가끔 힘들 때가 있다. 그러나 지금
까지 한결같은 마음으로 도시락을 쌀 수 있었던 건 남
편에 대한 고마움과 배려 덕분이다. 도시락을 쌀 때 가
장 중요하게 생각한 것은 도시락 주인공의 건강 상태와
식성이었다. 도시락 반찬으로 고기가 들어가는 것을 싫
어해서, 주로 겨울에 말려둔 건어물과 제철에 나오는
채소로 만든 반찬을 쌌다. 나의 도시락은 단순히 허기
를 채우는 한 끼의 식사가 아닌 존경과 사랑, 행복이다.

오징어 양념 구이와
산나물 무침

잡곡이 섞인 백미에 오징어와 찰떡궁합인 땅콩을 섞어 밥을 준비한다. 매콤한 오징어 양념
구이에 향긋한 산나물 무침이 입맛을 돋운다. 오징어는 산성식품이므로 알칼리성 채소 반
찬과 함께 먹으면 무척 잘 어울린다. 산성식품이니 소화가 안 될 때는 피하는 것이 좋다.
3월 새 학기가 시작될 무렵 산나물이 많이 나온다. 미리 만들어둔 양념 쌈장을 이용해서
순식간에 한 접시 뚝딱 무쳐낸다. 전날 미리 산나물을 삶아두고 양념 쌈장과 통 들깨를
넣어 무쳐내면 이보다 더 좋은 반찬은 없다. 도시락 반찬에 들어가는 나물은 주로 생채
보다는 숙채로 만들었다. 물이 생기지 않아 맛이 변함이 없기 때문이다.

오징어 양념구이

{재료}
오징어 2마리

{양념장}
고추장 1숟가락
고춧가루 1숟가락
조림장 1숟가락 반
다진 마늘 1/2숟가락
생강 청 1/2숟가락
설탕 1/2숟가락
맛술 1숟가락
들기름 1숟가락
다진 파 조금
통깨 조금

{미리 준비}
오징어는 전날 밤
미리 손질해두고
양념장도 만들어두면
편하다.

1. 오징어는 배를 갈라 내장을 꺼내고 다리에 붙은 먹통을 제거한다. 가로세로로 칼집을 넣은 다음 참기름과 소금을 약간 뿌려 밑간 해둔다. 양념장을 매콤하게 만들어둔다.

2. 오징어를 꼬치로 고정시켜 앞뒤로 굽는다.

3. 준비한 양념을 발라 한 번 더 앞뒤로 굽는다.

   - 양념을 처음부터 바르지 않고 1차로 한 번 구운 후 바르면, 양념이 덜 타고 맛도 훨씬 좋다.

4. 잘 구워진 오징어는 꼬치를 빼고 먹기 좋은 크기로 자른다.

   - 이 방법이 어렵다면 오징어를 미리 잘라서 구워도 좋다.

산나물 무침

{재료}
산나물 1줌
양념 쌈장 1/2숟가락
통 들깨 1숟가락
참기름 1/2숟가락

{TIP}
산나물 삶을 때는
천일염 반 숟가락을
넣어준다.

1 취나물, 참나물, 방풍나물 등이
골고루 들어간 모둠 산나물을 다
듬어둔다.

2 끓는 물에 나물과 천일염 반 숟
가락을 넣고 위아래로 뒤집어가
며 삶는다.

· 나물을 삶을 때는 물이 넉넉한 것
이 좋다. 부드러운 산나물은 넣고
1분 안에 건진다.

3 잘 삶아진 산나물을 먹기 좋은
길이로 썰어 양념 쌈장과 통 들
깨를 넣어 조물조물 무친다.

4 들기름으로 한 번 더 무친다.

· 식성에 따라 들기름 대신 참기름
을 넣어도 좋다.

메추리알 조림과
어묵 열무김치 볶음

식물성 오메가3가 많은 통 들깨를 어떻게 하면 자연스럽게 먹을까 생각하다가 통 들깨를 볶아 나물, 샐러드, 전 등에 넣어 먹으니 맛도 좋고 영양도 좋았다. 통 들깨를 꾸준히 섭취하면 피가 맑아진다고 하니, 잡곡밥에 볶은 통 들깨를 뿌려 도시락을 만들고 오렌지 생과일 주스를 병에 담아 집밥 도시락을 완성했다.

너무 시어져서 버려야 할지 고민되는 열무김치는 어묵과 함께 볶으면 새로운 음식으로 다시 태어난다. 전날까지도 밥상에서 찬밥 신세였던 열무김치에 젓가락 가기 바쁘다. 특별한 비법 없어도 신맛을 중화하기 위해 설탕을 약간 넣고 고추기름으로 볶아내면, 이보다 더 밥 잘 넘어가는 반찬은 없다.

메추리알 조림

{재료}

메추리알 65알

새송이버섯 2개

마늘 8톨

식초 1숟가락

소금 1숟가락

{양념장}

조림장 1컵

육수 3컵

물엿 2숟가락

설탕 2숟가락

맛술 1숟가락 반

1 메추리알은 식초와 소금을 넣고 삶은 뒤 껍질을 벗긴다. 새송이버섯은 먹기 좋게 토막내 준비해둔다. 마늘은 통마늘로 준비한다.

2 미리 만들어놓은 양념장에 마늘과 새송이버섯을 넣고 끓인다.

3 끓어오르면 메추리알을 넣어 조린다.

4 간장 양념이 자작해질 정도로 졸여야 다 먹을 때까지 맛있게 먹을 수 있다.

어묵 열무김치 볶음

{재료}
열무김치 1컵
어묵 1장

{양념장}
고춧가루 1숟가락
다진 마늘 1/2숟가락
고추기름 1숟가락 반
소금 조금
설탕 조금
후추 조금

{미리 준비}
열무김치와 어묵은
전날 미리 준비한다.

1 시어 버린 열무김치는 물에 씻고
어묵은 채썰어 준비한다.

2 어묵에 뜨거운 물을 끼얹어 기름
을 제거한다.

3 프라이팬에 고추기름을 두르고
열무김치를 볶는다. 후추만 빼고
양념을 한다.

4 열무가 부드러워지면 어묵을 넣
어 골고루 섞어준다. 마지막으로
후추를 살짝 뿌리면 한결 맛있어
진다.

• 신 열무김치는 꽁치나 생물 고등
어를 넣어 지져도 밥도둑이다.

가자미 양념 조림과
쇠미역 파프리카 말이

황사가 심한 봄철 도시락으로 파프리카를 넣어 만든 쇠미역 말이를 준비했다. 쇠미역 말
이에 초고추장을 곁들여 담고, 매콤하게 조린 가자미 조림을 함께 싸면 입맛 없는 봄에
도시락 반찬으로 무척 좋다.

생선을 도시락 반찬으로 이용할 때는 비린내가 나지 않는 것이 제일 중요하다. 그래서
추운 겨울에는 생선 말리기를 잊지 않는다. 가자미와 양미리, 코다리, 도루묵 등을 겨울
바람에 이틀이나 사흘 동안 말려두면 비린내가 나지 않아 입맛 없는 봄철에 요긴한 도시
락 반찬을 만들 수 있다.

가자미 양념 조림

{재료}
반건조 가자미 6마리
쪽파 조금
맛기름 1숟가락

{양념장}
조림장 5숟가락
멸치 액젓 2숟가락
일반 고춧가루 2숟가락
고운 고춧가루 2숟가락
고추기름 1숟가락
맛술 2숟가락
물엿 1숟가락
설탕 1숟가락
후추 조금
통깨 조금

{미리 준비}
가자미를 미리 해동해
두고 양념장도 미리
만들어둔다.

1. 반건조 가자미는 냉동실에서 꺼낸 후 찬물에 한번 씻으면 자연스럽게 해동이 된다. 매콤한 양념장을 입맛에 맞게 만들어둔다.

2. 열이 오른 프라이팬에 맛기름 1숟가락을 두르고 가자미를 앞뒤로 굽는다.

   • 노릇노릇하게 굽지 않아도 된다. 앞뒤로 살짝 굽는다.

3. 구워 놓은 가자미에 앞뒤로 준비한 양념을 바른다.

4. 약불에서 1분 정도 서서히 졸인 후 통깨와 쪽파를 올린다.

   • 양념을 바른 가자미는 잘 타기 때문에 자리를 떠나면 안 된다.

쇠미역
파프리카말이

{재료}
쇠미역 1줌
굵은 소금 1/2숟가락
파프리카 색깔 별로 조금씩
초고추장 조금

{참고}
초고추장 만드는 법은
19페이지를 참고한다.

1. 쇠미역은 끓는 물에 굵은 소금을 넣고 데친다. 쇠미역은 끓는 물에 들어가자마자 초록색을 띄기 때문에 앞뒤로 한 번 뒤집으면 다 삶아진다.

2. 쇠미역을 직사각형 모양으로 자른 후 파프리카를 색깔 별로 골고루 올린다.

3. 쇠미역 끝에서부터 돌돌 말면 쇠미역 파프리카 말이 완성이다.

· 남은 쇠미역은 소분해서 냉동보관해두면 오래 먹을 수 있다.

양미리 무침과
우엉 미나리전

아파트에 살면서 겨울 찬바람에 생선 말리는 일을 포기해야 하나 싶었지만, 또 하나 살림의 지혜가 생겼다. 바로 실외기! 실외기 위에 생선을 말리면 주택 마당에서 말리는 것보다 더 잘 마른다. 겨울 양미리는 찬바람에 꽁꽁 얼어 있다가 장바구니 속으로 들어가는 순간부터 녹기 시작한다. 곧바로 아파트 실외기에서 겨울바람을 쐬어주면 꾸덕꾸덕하게 잘 마른다. 찬바람에 이틀 말린 반건조 양미리를 한 번 먹을 양만큼 지퍼팩에 소분해 보관하면 봄까지 영양 많은 양미리를 맛볼 수 있다.

양미리 무침

{재료}

양미리 15마리

풋마늘 1대

양파 1/4토막

청홍고추 하나씩

맛기름 조금

{양념장}

조림장 2숟가락

액젓 1숟가락 반

보통 고춧가루 1숟가락

고운 고춧가루 1숟가락 반

물엿 1숟가락

마늘 1숟가락

참기름 1숟가락

통깨 조금

{미리 준비}

양념장 재료를 모두 넣고
매콤하게 양념장을
만들어둔다.

1 양미리 15마리를 200도 오븐에서 20분간 구워준다.

- 오븐에 따라 온도가 다르니 체크하는 것이 좋다.

2 양미리를 반으로 갈라 뼈를 제거하고 먹기 좋게 살을 바른다. 풋마늘과 고추는 어슷 썰고 양파는 채 썬다.

3 손질해둔 양미리에 양념의 반을 넣어 무친다.

4 나머지 야채와 남은 양념장을 넣어 무친다. 골고루 무친 후 참기름과 통깨로 마무리하면 어디 내놓아도 손색 없는 맛 좋은 양미리 반찬이 만들어진다.

우엉 미나리전

{재료}

우엉 1대
미나리 줄기 반 줌
밀가루 1컵
물 1컵
소금 1/2숟가락
맛기름 조금

1. 우엉은 껍질을 벗기고 10cm 길이로 썰어 소금을 넣고 삶아서 준비한다. 미나리 줄기도 우엉과 같은 길이로 자른다. 미나리와 우엉을 번갈아 꼬치에 끼운다.

2. 밀가루와 물의 비율을 1:1로 잡고, 소금을 넣고 덩어리를 풀어 반죽을 만든다

- 구입한지 오래된 밀가루는 많이 건조한 상태이기 때문에 물이 더 필요하다.

3. 미나리와 우엉을 밀가루 반죽에 적셔, 열이 오른 팬에 맛기름을 두르고 앞뒤로 노릇하게 지진다.

4. 한 김 식힌 후에 꼬치를 빼고 도시락 반찬 통에 담아낸다.

- 완성된 우엉 미나리전은 손님상에 내놓아도 손색이 없다.

두부 꽃전과
연어 묵은지 볶음

간이 되지 않은 두부와 간간한 스팸이 만나면 따로 간을 하지 않아도 딱 맞는다. 이렇게
만든 두부 꽃전은 아이들에게도 자주 해주는 반찬이다. 예쁜 꽃 모양으로 두부 꽃전을
만들 때는, 도시락 뚜껑을 열면서 미소지을 남편의 얼굴을 떠올린다. 병아리콩 밥에 예
쁜 두부 꽃전은 나의 애교가 섞인 도시락이다.

두부 꽃전

{재료}
두부 반 모
스팸 반 토막
달걀 1개
밀가루 1숟가락
소금 조금
후추 조금
맛기름 조금

1. 두부와 스팸을 0.8cm 두께로 잘라 준비한다.

- 두부는 소금을 약간 뿌려 수분을 빼주는 것이 좋다.

2. 꽃 모양 틀로 찍어 모양을 잡는다.

- 남은 두부와 스팸은 두부 야채전으로 응용한다.

3. 서로 잘 달라붙도록 밀가루를 뿌린 다음 두부 꽃에 스팸을 끼워 넣는다.

4. 달걀 물을 입혀 맛기름에 지져 낸다.

- 스팸의 간만으로 충분하기 때문에 두부에 따로 간을 하지 않는다.

연어 묵은지 볶음

{재료}

묵은지 반 포기
연어캔 1캔
고추기름 1숟가락
풋마늘 1대
마늘 1숟가락
후추 조금

1. 묵은지를 씻어 준비한다. 연어캔은 기름을 제거하지 않고 그대로 이용한다.

2. 한입 크기로 썬 묵은지에 마늘과 고추기름을 넣어 볶는다.
   - 이때 고추기름 대신 들기름을 넣어도 맛이 좋다.

3. 묵은지가 적당히 볶아지면 연어살을 넣는다.
   - 연어를 처음부터 넣어 볶으면 연어가 퍽퍽해지니 묵은지를 볶은 후에 넣는 것이 좋다.

4. 후추와 풋마늘로 마무리한다.
   - 묵은지는 간을 따로 할 필요는 없지만, 찬물에 담가 두었다면 소금 간을 약간 해준다.

우엉 바싹 불고기와
애호박 구이

도시락 반찬이 고기 반찬일 경우 매실장아찌를 곁들여 내는 것을 잊지 않는다. 쇠고기에
섬유질이 많은 우엉을 같이 볶으면 영양도 두 배가 된다. 도시락 주인공이 고기반찬이
도시락에 들어가는 것을 싫어하는 이유는, 소화가 잘 안되는 것과 더불어 응고된 기름
이 싫다는 이유였다. 그래서 주로 채소와 말린 생선으로 영양을 보충했지만, 고기 반찬을
담아주고 싶은 마음이 항상 있었다. 식어도 맛있게 먹을 수 있는 고기 반찬을 찾다가 바
싹 불고기를 생각했다. 도시락은 상대방에 대한 관심이다.

우엉 바싹 불고기

{재료}

소 목심 600g

우엉 1뿌리

{양념장}

조림장 4숟가락

액젓 1숟가락

생강 청 4숟가락

설탕 1숟가락

마늘 1숟가락

참기름 1숟가락

후추 조금

{미리 준비}

고기는 미리 양념에
재어둔다.

1 기름기가 적은 쇠고기에 삶은 우
엉을 넣는다.

- 불고기감 쇠고기는 얇은 것이 좋
다. 우엉은 흙이 묻어 있는 것으로
구입한다.

2 양념장을 만들어 쇠고기와 우엉
에 부어 조물조물 무쳐둔다.

- 여기까지 과정을 도시락 싸기 전
날 해두면 좋다.

3 필요한 만큼 덜어 센 불에서 볶
는다.

4 쇠고기가 볶아지면서 물이 생기
면 고기를 덜어내고 양념장만 바
글바글 졸인다. 졸여진 양념에
다시 쇠고기를 넣어서 빠르게 볶
아내면 바싹 불고기 완성이다.

애호박 구이

{재료}
애호박 1개

{양념장}
조림장 3숟가락
국간장 4숟가락
고춧가루 1숟가락
다진 마늘 1/2숟가락
청홍 고추 1개씩
풋마늘 조금
참기름 1숟가락 반
통깨 조금

{미리 준비}
양념장은 만들어 두고
필요할 때 사용한다.

1 애호박은 0.6cm 두께로 썬다.

2 양념장 재료를 모두 넣고 섞어
양념장을 만든다.

• 넉넉하게 만들어두면 나물밥 양념,
잔치국수 양념 등 쓸모가 많다.

3 맛기름을 아주 조금만 두르고 애
호박을 굽는다.

4 애호박은 살짝 익혀야 맛이 좋다.

• 완전히 익히면 씹는 맛이 없고 축
늘어진다.

동태 데리야키 조림과
사과 유채 겉절이

입안에서 살살 녹는 동태 데리야키를 만드는 날은 꽃샘추위가 풀리고 봄으로 넘어가는 시기다. 주로 이 시기가 되면 나의 도시락 주인공은 입맛이 없어 힘들어한다. 입이 까슬 하고 입맛이 없다고 하는 날, 유채나물에 사과 향을 더한 유채 겉절이와 동태 데리야끼 를 도시락 반찬으로 준비한다. 부드럽고 상큼한 반찬을 준비하면 입맛 없는 날이 그리 오래가지 않는다.

데리야키 동태조림

{재료}
동태 반 마리
감자 전분 3숟가락
풋마늘 조금
소금 조금
참기름 조금
후추 조금
통깨 조금

{데리야키 소스}
조림장 3숟가락
설탕 1/2숟가락
물엿 1숟가락

{미리 준비}
동태는 통으로
구매하거나 포를 떠서
구매한다. 동태의
수분을 걷어 내는 것이
중요하므로 티슈나
마른 거즈로 꼭꼭 눌러
수분을 없앤다.

1 동태는 통으로 껍질을 벗겨서 구매한 후 수분을 제거한 다음, 비교적 작게 동태포를 떠서 소금, 참기름, 후추로 밑간을 한 뒤 냉장고에 30분 넣어둔다.

2 밑간한 동태에 감자 전분을 입힌다. 열이 오른 팬에 식용유를 두르고 바삭하게 앞뒤로 구워낸다.

· 동태가 까슬까슬할 정도로 굽는 것이 좋다.

3 지져 낸 동태 구이는 넓은 접시에 펼쳐서 한 김 식힌다.

4 조림장과 설탕, 물엿으로 데리야키 소스를 만든다. 소스가 끓어 기포가 올라오면 동태 구이를 넣어 소스를 입힌다. 풋마늘을 올리고 통깨를 뿌린다.

사과 유채 겉절이

{재료}

유채 2줌

사과 1/4토막

당근 조금

양파 조금

{양념}

고춧가루 2숟가락

멸치 액젓 2숟가락

생강 청 1숟가락

식초 2숟가락

고추기름 1숟가락

물엿 1/2숟가락

통깨 조금

{미리 준비}

재료를 전날 저녁에 손질해두고 아침에 무치면 좋다.

1. 유채의 굵은 줄기는 다듬어서 깨끗이 씻어 먹기 좋은 길이로 잘라 준비한다. 사과와 당근, 양파도 적당한 크기로 채 썬다.

2. 양념장을 만들어서 10분 정도 그냥 둔다. 양념장의 반을 덜어 유채에 1차 양념을 한다.

- 고춧가루 불리는 시간이 필요하다.

3. 1차로 무친 유채에 당근, 사과, 양파와 남은 양념을 넣어 2차 양념을 한다.

- 유채는 소금에 절이지 않는 생나물이므로 살살 무쳐야 풋내가 나지 않는다.

4. 골고루 무쳐지면 마지막으로 통깨를 뿌려 완성한다.

- 유채에 사과가 더해지면 상큼함이 배가 된다.

무나물과
풋마늘 북어포 무침

힘들고 지칠 때는 속까지 더부룩하고 소화가 잘 안 된다. 신경이 예민한 날 부드럽게 넘어가는 무나물을 국물이 자작하게 돌도록 지져 도시락 반찬으로 넣었다.

소화에 도움이 되어 속이 편안해지면 컨디션도 차츰 회복된다. 도시락 주인공은 부드러운 무나물에 좋아하는 북어포 무침을 곁들이면 세상 부러울 것도 없다고 한다. 특별할 것 없는 반찬이지만 남편 기 살리는 도시락이 되었다.

무나물

{재료}

무 1토막
다진 마늘 1/2숟가락
대파 조금
맛기름 1/2숟가락
물 1컵
소금 1/2숟가락

1. 굵게 채 썬 무와 다진 마늘, 대파를 준비한다.

   - 무를 너무 가늘게 채 썰면 익혔을 때 무가 부서진다.

2. 냄비에 무채, 맛기름, 다진 마늘을 넣고 물을 부어 뚜껑을 닫고 익힌다.

   - 맛기름이 들어가면 국물도 부드러워지고 맛도 좋아진다.

3. 불에 올리고 끓기 시작하면 불을 줄여 5분 익혀준 다음, 소금으로 간을 한다.

4. 완성된 무나물에 쪽파나 대파를 송송 썰어 넣어 마무리한다.

   - 도시락에 쌀 때는 한 김 식힌 후에 통에 담는다.

북어포 무침 풋마늘

{재료}

북어 1줌
풋마늘 1대
맛기름 1숟가락 반
양파 1/4토막
청홍 고추 한 개씩

{양념장}

조림장 2숟가락
멸치 액젓 1숟가락
고춧가루 1숟가락
고운 고춧가루 1숟가락
마늘 1숟가락
참기름 1숟가락
물엿 1숟가락
통깨 조금

{미리 준비}

북어포는 전날 저녁에
미리 준비해두면 좋다.

1. 북어포는 분무기로 물을 뿌려 부드럽게 적셔 준다. 풋마늘과 양파, 청홍 고추는 채 썰어서 준비한다.

- 북어포가 말라 있으면 기름을 많이 먹는다.

2. 열이 오른 프라이팬에 맛기름을 넣고 북어포를 볶는다.

- 북어포를 반드시 볶아서 무쳐야 한다. 볶지 않은 북어포는 양념에 금방 풀어져서 맛이 떨어진다.

3. 양념장 재료를 모두 섞어 양념장을 만든다. 볶아낸 북어포를 한 김 식힌 후에 양념의 반을 넣고 조물조물 무친다.

4. 양념에 무친 북어포에 양파, 풋마늘, 청홍 고추와 남은 양념을 다 넣는다. 골고루 잘 무쳐준다.

오징어 실채 무침과
통 들깨 깻잎전

매일 일상 같은 도시락 싸기가 그리 쉬운 것은 아니었다. 몸이 아픈 날도 있었고 귀찮은
날도 있었지만 그런 날에도 변함없이 도시락 싸줄 수 있었던 것은 틈틈이 만들어둔 밑반
찬과 김치 덕이다. 가끔 도시락 주인공은 그런 나를 일중독이라고 장난스레 놀리지만, 미
리미리 계획하고 준비하는 것이 이제는 몸에 꼭 배어 있다. 어쩌면 도시락은 이런 나의
부지런함에서 나온 것 같다.

오징어 실채 무침

{재료}
오징어 실채 200g
고추기름 2숟가락

{양념장}
고추장 3숟가락
고운 고춧가루 2숟가락
조림장 3숟가락
설탕 1숟가락
물엿 2숟가락
다진 마늘 1숟가락
통깨 조금

1 오징어 실채는 젖은 면포로 닦아 준 다음, 가위로 적당한 길이로 잘라준다.

2 오징어 실채에 고추기름을 넣어 골고루 무쳐준다.

- 고추기름으로 미리 무쳐주면 다 먹을 때까지 오징어 실채가 양념에 불지 않는다.

3 고추장 양념을 매콤하게 만들어 오징어 실채에 무친다.

- 양념장을 한번 끓여서 무치면 오랫동안 먹을 수 있다.

4 마지막으로 통깨를 뿌려 마무리한다.

- 기호에 따라 참기름을 추가해도 좋다.

통 들깨 깻잎전

{재료}

통 들깨 1숟가락

깻잎 20장

밀가루 1컵

물 1컵

소금 1/2숟가락

맛기름 조금

1 깻잎은 흐르는 물에 잘 씻어 물기를 뺀다. 볶아둔 통 들깨도 준비한다.

2 밀가루에 물을 넣고 소금으로 간을 맞춘다. 깻잎에 밀가루 반죽을 입힌다.

• 밀가루 반죽에 물 대신 멸치 육수나 채소 육수를 사용하면 더 좋다.

3 열이 오른 프라이팬에 맛기름을 두른 다음 깻잎을 한 장씩 올리고 통 들깨를 뿌려 지진다.

4 한 김 식은 후에 돌돌 말아 도시락 통에 넣는다.

어묵 소시지 볶음과
통 들깨 가지 무침

어른아이 다 좋아하는 어묵과 소시지를 매콤 양념에 볶아내면 도시락 반찬으로도 좋다.
도시락 반찬은 식어도 맛있어야 한다. 특히 수분이 많이 생기지 않는 야채로 만들면 좋은
데, 과일만큼이나 맛있는 파프리카는 잘라서 넣기만 해도 근사한 도시락이 되곤 한다. 도
시락 반찬에 들어가는 가지 요리는 수분이 생기지 않게 볶는다. 이렇게 볶은 가지 나물
무침은 여름 도시락 반찬으로 좋다.

어묵 소시지 볶음

{재료}

손가락 어묵 7개

소시지 7개

양파 1/4토막

여러 색의 피망 조금씩

맛기름 조금

{양념장}

고추장 1숟가락

고춧가루 1숟가락

굴 소스 1숟가락

조림장 2숟가락

다진 마늘 1/2숟가락

물엿 1숟가락

고추기름 1숟가락

후추 조금

통깨 조금

{미리 준비}

어묵과 소시지는 뜨거운 물에 한 번 데쳐 좋지 않은 기름을 제거한다.

1 소시지는 칼집을 내어 준비하고 어묵은 어슷썰기를 한다. 양파와 피망도 모양이 비슷하게 썰어둔다. 어묵과 소시지는 뜨거운 물로 살짝 데친다.

2 열이 오른 프라이팬에 맛기름을 두르고 마늘과 양파, 피망을 넣어 살짝 볶는다.

3 마늘 향이 올라오면 마늘과 소시지를 넣어 같이 볶아준다.

4 양념장을 넣어 골고루 볶는다. 양념이 타지 않도록 불을 줄여 볶다가 통깨를 뿌려 완성한다.

- 매콤 양념장에 고추기름이 들어가서 풍미가 있다.

가지 통들깨 무침

{재료}

가지 3개
통 들깨 1숟가락
대파 조금
청양 고추 1개

{양념장}

조림장 2숟가락
국간장 1숟가락
고춧가루 1숟가락
고운 고춧가루 1숟가락
물엿 1/2숟가락
다진 마늘 1/2숟가락
참기름 1숟가락
통깨 조금

1. 가지는 3등분 하여 기름을 두르지 않은 프라이팬에 굽는다. 가지의 수분으로 가지가 익으면서 노릇하게 변하고 숨이 죽는다.

- 가지의 수분으로 구우면 담백하다.

2. 구운 가지는 한 곳에 모아서 한 김 식혀둔다. 가지가 식는 동안 양념장을 만들어둔다.

3. 구운 가지에 대파와 청양 고추를 채 썰어 넣고 양념장을 넣어 무친다.

4. 양념에 무친 가지에 통 들깨를 넣어 영양을 더한다.

- 이렇게 만든 가지 무침은 물이 생기지 않아 도시락 반찬으로도 좋고 밑반찬으로도 좋다.

양배추 돼지고기 완자 조림과
세발나물 무침

일주일의 마지막 날인 금요일! 일주일 동안 사용하고 남은 냉장고 속 자투리 채소를 이
용해서 도시락 반찬을 만들면 좋다. 양배추와 돼지고기가 만나면 물리도록 먹었던 양배
추도 다시 맛있어진다. 세발나물은 갯벌의 염분을 먹고 자라는 봄나물로, 연하고 부드러
워서 나물을 싫어하는 사람들도 좋아한다.

양배추 돼지고기 완자 조림

{재료}

돼지고기 간 것 500g

당근 1/3토막

대파 1뿌리

양배추 4장

빵가루 3숟가락

조림장 2숟가락

달걀 1개

맛술 1숟가락

생강 청 1숟가락

참기름 1숟가락

후추 조금

통깨 조금

{양념장}

조림장 5숟가락

물엿 1숟가락

맛술 1숟가락

생강 청 1숟가락

다진 마늘 1/2숟가락

{TIP}

고기 완자는 미리
많이 만들어 냉동해두고
그때그때 꺼내 써도
좋다.

1 돼지고기는 티슈에 올려 핏물을 제거한다. 당근, 대파, 양배추는 잘게 썰어서 준비한다.

- 돼지고기 누린내는 핏물에서 많이 난다.

2 돼지고기에 달걀, 빵가루, 조림장, 맛술, 생강 청, 후추, 참기름을 넣는다. 한 방향으로 5분 정도 치대면 돼지고기에서 끈기가 생겨 부드러워진다. 대파, 당근, 양배추를 넣어 2차로 치댄다.

3 완성된 고기 반죽은 동그랗게 원하는 모양대로 만들어 200℃ 온도의 오븐에서 20분 간 굽는다.

- 오븐 사양이 집집마다 다르니 굽는 시간이 달라질 수 있다.

4 양념장 재료를 모두 넣고 달짝지근한 간장 소스를 만든다. 오븐에서 속까지 완전히 익은 완자를 꺼내 간장 소스를 부어 지진다.

- 간장 소스가 조금 남아 있도록 졸이는 것이 중요하다.

세발나물 무침

{재료}

세발나물 2줌
액젓 1/3숟가락
소금 조금
참기름 1숟가락
대파 흰 부분 조금
깨소금 조금

1 세발나물은 다듬을 것이 없는 나물이기도 하다. 불순물을 제거하고 준비한다.

2 끓는 물에 소금을 넣고 데친다. 삶은 세발나물은 찬물에 두어 번 씻어서 물기를 제거한다.

• 삶는 시간이 30초도 안 걸린다. 세발나물을 넣어서 위아래로 뒤적여 바로 꺼내면 된다.

3 세발나물에 다진 대파, 액젓, 소금을 넣고 조물조물 무친다.

• 된장이나 고추장을 넣어 무쳐도 좋다.

4 참기름과 통깨를 넣고 마지막으로 한 번 더 무친다.

• 참기름 대신 들기름도 좋다.

반건조 갈치조림과
만가닥 버섯 볶음

갈치는 비린내가 나서 집에서 말리기는 힘들다. 어시장에서 반건조 갈치를 좋은 것으로 구해 한 번 먹을 양만큼 소분해서 냉동 보관해두면, 밥 반찬으로도 좋고 도시락 반찬으로도 좋았다. 짭쪼름한 갈치가 입맛을 돋우면 도시락의 밥이 조금 모자랄 때도 있다. 그럴 때는 밥 양을 늘리는 대신 삶은 달걀을 넣어주기도 했다. 만가닥 버섯은 섬유질이 많아 변비에도 좋고 다이어트에도 도움이 된다고 해서 즐겨 먹는다.

반건조 갈치조림

{재료}
반건조 갈치 2마리
쪽파 조금
통깨 조금

{양념장}
조림장 2숟가락
국간장 2숟가락
고춧가루 1숟가락
고운 고춧가루 1숟가락
맛술 1숟가락
생강 청 1숟가락
다진 마늘 1숟가락
고추기름 1숟가락
물엿 1숟가락

{TIP}
국간장 대신 멸치 액젓,
참치 액젓, 어간장, 까나리
액젓을 사용해도 좋다.

1 양념장 재료를 모두 넣고 양념장
을 만든다. 반건조 갈치는 적당
한 크기로 잘라 젖은 면포로 잘
닦아둔다.

2 아무것도 두르지 않은 팬에 반
건조 갈치를 앞뒤로 노릇하게
굽는다.

· 반건조 갈치 자체의 기름만으로
도 잘 구워지니 기름을 두르지 않
는다.

3 반건조 갈치가 노릇하게 구워
지면 불을 끄고 양념장을 앞뒤
로 바른 뒤 다시 불을 켜서 조
리한다.

4 완성된 반건조 갈치조림에 쪽파
와 통깨를 올리면 완성이다.

만가닥 버섯 볶음

{재료}

만가닥 버섯 2줌

오이고추 2개

홍고추 1개

볶은 소금 1/2숟가락

다진 마늘 1/2숟가락

맛기름 1숟가락 반

통깨 조금

후추 조금

1. 만가닥 버섯, 오이 고추, 홍고추를 채 썰어 준비한다.

2. 만가닥 버섯은 끓는 물에 소금을 넣고 삶아서 준비한다.

3. 열이 오른 팬에 맛기름을 두른 후 마늘과 만가닥 버섯을 넣어 마늘 향이 올라오도록 볶는다. 마늘 향이 올라오면 볶은 소금을 넣어 간을 맞춘다.

4. 만가닥 버섯이 볶아지면 오이 고추와 홍고추를 넣는다. 이때 후추도 약간 뿌린다. 완성된 만가닥 버섯 볶음에 통깨를 뿌리면 완성이다.

파프리카 두부조림과
양념 쌈장 고추 무침

파프리카를 넣어 부드럽게 만든 두부조림과 양념 쌈장을 넣어 만든 초간단 고추 무침을
함께 곁들인다. 그런데 다 만들고 나니 도시락 반찬이 뭔가 2% 부족한 느낌이 들었다. 이
럴 때 달걀로 소보로를 만들어 밥 위에 올려주면 만점 도시락이 되곤 했다.

두부 파프리카 조림

{재료}

두부전 2조각
파프리카 조금
양파 조금
오이 고추 1개

{양념장}

조림장 2숟가락
굴소스 1숟가락
물엿 1숟가락
고추기름 1숟가락
맛술 1숟가락
다진 마늘 1/2숟가락
통깨 조금

{TIP}
먹다 남은 두부전을
활용할 수 있는
좋은 방법이다.

1 두부전은 막대 모양으로 썰어둔다. 파프리카와 양파, 오이 고추도 채 썰어둔다. 양념장 재료를 모두 넣고 양념장을 만든다.

· 중화풍 느낌이 나는 소스로, 볶음요리에 응용하면 맛이 좋다.

2 두부와 야채를 프라이팬에 한꺼번에 담는다.

3 불을 켠 동시에 양념장을 넣는다.

4 불을 줄여 2분 정도 위아래로 뒤적이며 조린다.

· 양념이 바싹 마르지 않도록 조심한다.

양념 쌈장 고추무침

{재료}

오이 고추 6개

양념 쌈장 1숟가락 반

참기름 조금

통깨 조금

1 오이 고추와 양념 쌈장을 준비한
다.

2 오이 고추를 동글동글 썰고 양념
쌈장을 넣어 무친다.

3 참기름과 통깨로 마무리한다. 통
깨 대신 통 들깨를 넣어도 좋다.

마늘 오징어 구이와
달래 오이 무침

도시락 주인공은 가끔 무언가를 씹어 먹고 싶어한다. 그런 남편을 위해 만든 마늘 오징어 구이는 유독 칭찬을 많이 받았다. 마늘과 사천 고추로 향을 내어 오징어를 구우면 쫄깃하게 씹히는 맛과 느끼하지 않은 오묘한 맛에 자꾸 젓가락이 가는 도시락 반찬이 된다. 빨간 양념 오징어 구이와는 맛이 다른, 마늘 향이 나는 오징어 구이를 도시락 반찬으로 자주 담았다. 산성식품인 오징어에 알칼리성 식품인 달래 오이 무침을 곁들이면 점심시간이 즐거워진다.

마늘 오징어 구이

{재료}

삶은 오징어 1마리

마늘 3톨

사천 고추 5개

맛기름 1숟가락 반

소금 1/2숟가락

후추 조금

파슬리 가루 조금

{TIP}

먹다 남은 오징어가
있을 때 활용하면
좋다.

1 끓는 물에 소금을 약간 넣고 오징어를 2~3분 정도 삶은 뒤 찬물에 씻는다. 오징어를 먹기 좋게 채 썰어 준비하고 마늘은 편 썰기, 사천 고추는 3등분 해둔다.

2 열이 오른 프라이팬에 맛기름을 두르고 마늘과 사천 고추를 넣어 향을 낸다.

3 마늘과 고추 향이 올라오면 바로 오징어를 넣어 같이 볶는다.

4 불을 줄이고 천천히 젓가락으로 저어가며 오징어가 갈색이 나도록 구워준다. 어느 정도 색이 나면 소금과 후추로 간을 한다.

달래 오이 무침

{재료}
달래 1줌
오이 1개

{양념장}
조림장 2숟가락
멸치 액젓 1숟가락 반
고춧가루 2숟가락
다진 마늘 1/2숟가락
식초 2숟가락
참기름 1숟가락
통깨 조금

{미리 준비}
전날 달래 손질과 양념장
만들기를 미리 해두면
수월하다.

1. 달래는 뿌리 부분 손질을 잘해야 한다. 겉껍질과 흙을 잘 털어내는 것이 중요하다. 오이는 가시가 돋친 부분을 칼로 긁어내거나 고무장갑 끼고 문지르면 쉽게 씻어진다.

2. 오이는 어슷 썰고 달래는 6~7cm 길이로 썰어서 담아 놓는다.

3. 양념장 재료를 모두 넣어 새콤달콤한 양념장을 만든다. 양념장을 달래와 오이에 넣어 1차로 무친다.

- 양념장을 전날 미리 참기름만 뺀 상태로 만들어둔다.

4. 1차로 무쳐진 달래 오이 무침에 참기름과 통깨를 넣어 마무리한다.

- 달래 오이 무침은 살살 위아래로 뒤적여가며 무쳐야 풋내가 나지 않는다.

옥수수 야채전과
멸치 마늘종 볶음

옥수수가 많이 나오면 대량 구입해, 껍질이 한두 겹 있는 상태에서 쪄서 냉동 보관해둔
다. 이렇게 해놓으면 계절을 타지 않고 맛있는 옥수수를 간식으로 먹을 수 있다. 옥수수
는 저장할 때 용도를 두 가지로 한다. 하나는 간식용, 하나는 반찬용.
간식용은 통째로 쪄서 보관하고 반찬용은 쪄서 알알이 떼어 지퍼 팩에 넣어 보관해두면
반찬이 없을 때 정말 요긴하다.

옥수수 야채전

{재료}

옥수수 1개 분량
(종이컵 1컵 정도)
베이컨 3줄
크래미 2개
양파 조금
파프리카 조금
식용유 조금

{밀가루 반죽}

밀가루 2/3컵
튀김가루 1/3컵
달걀 2개
소금 1/2숟가락
후추 조금
물 조금

1 모든 재료를 옥수수알 크기로 잘게 썰어 준비한다.

2 준비해둔 재료에 밀가루, 튀김가루, 달걀, 소금, 후추를 넣어 반죽한다. 달걀 크기와 밀가루 상태에 따라 필요한 수분이 달라지니 마지막에 물을 추가해 농도를 조절해준다.

3 열이 오른 프라이팬에 옥수수 반죽을 한 수저씩 떠 놓는다. 처음부터 모양을 잡을 필요는 없다 한 면이 노릇하게 익으면 뒤집어서 숟가락으로 꼭꼭 누르며 모양을 잡아가면 된다.

4 완성된 옥수수 야채전은 식어도 맛이 좋다.

• 아이들 간식으로도 좋고 어르신들에게 해드려도 점수를 딸 수 있다.

멸치 마늘종 볶음

{재료}

마늘종 14뿌리
멸치 반 줌
식용유 1숟가락
소금 조금
통깨 조금

{양념장}

조림장 2숟가락
국간장 1숟가락
고춧가루 1숟가락
다진 마늘 1/2숟가락
맛술 1/2숟가락
물엿 1숟가락
후추 조금
통깨 조금

{미리 준비}

양념장 재료를 모두
넣고 양념장을 미리
만들어둔다.

1. 마늘종은 질긴 부분은 잘라내고 5~6cm 길이로 잘라둔다. 멸치는 내장을 가르고 손질해서 준비해둔다.

2. 아무것도 두르지 않은 팬에 멸치부터 넣어 바싹 볶아준다.

- 멸치의 잡냄새를 없애기 위해서다. 냉동실에서 보관한 멸치라면 반드시 이 과정을 거쳐야 비린내가 안 난다.

3. 마늘종을 넣고 식용유 1숟가락, 소금 조금을 넣어 마늘종이 반정도 익을 때까지 볶아준다.

- 따로 양념장을 넣으니 소금을 많이 넣지 않는다.

4. 불을 줄여 양념장을 넣는다. 골고루 양념이 잘 배게 2분 정도 볶아주면 된다.

- 센 불에서 볶으면 양념이 타기 때문에 불을 줄이고 양념이 자작하게 겉돌도록 볶아야 맛있다.

감자조림과
시금치 무침

감자와 시금치는 사시사철 쉽게 구할 수 있는 재료로, 이보다 더 만만한 반찬은 없다. 포
슬한 감자조림에 달달한 포항 시금치 무침으로 한끼 도시락 반찬을 꾸린다. 뭔가 서운하
다면 명란젓 무침도 곁들여 담는다. 누군가 그랬다. 주변에 흔한 것은 우리에게 꼭 필요
한 것이라고. 도시락 반찬 재료가 구하기 어려운 재료였다면 나의 도시락 싸기도 오래가
지 않았을 것이다.

감
자
조
림

{재료}

감자 2개

양파 1/4토막

대파 1뿌리

다진 마늘 1/2숟가락

물 1컵

{양념장}

조림장 5숟가락

물엿 1숟가락

설탕 1/2숟가락

후추 조금

검정 깨 조금

1 냄비에 깍둑썰기로 썬 감자, 식용유, 마늘을 넣고 지지직 소리가 날 때까지 볶는다.

- 감자는 썰어서 찬물에 한두 번 헹구어서 전분을 살짝 뺀다.

2 마늘 향이 올라오자마자 물 한 컵을 붓는다. 조림장, 설탕, 물엿을 넣어 간을 한 다음 끓으면 불을 줄여 5분간 조린다.

3 감자가 어느 정도 익고 간장 양념이 졸아서 자박해지면 양파를 넣어준다.

4 양파가 익으면 대파와 검정 깨를 넣고 마무리한다.

- 조림을 할 때는 양념을 너무 졸이지 않는 것이 맛있게 먹는 비결이다.

시금치 무침

{재료}

시금치 1줌 반
다진 대파 1/2숟가락
다진 마늘 1/2숟가락
국간장 1숟가락
소금 조금
참기름 1숟가락
깨소금 조금

1. 시금치는 먹기 좋게 한입 크기로 다 듬어 놓는다.

2. 끓는 물에 소금을 약간 넣고 1분 정도 삶은 다음 깨끗이 씻는다.

3. 데친 시금치에 다진 대파와 다진 마늘, 국간장을 넣고 1차로 무친다.

4. 참기름, 통깨를 넣는다. 간이 모 자라면 소금을 조금 더 넣어 2차 양념을 마무리한다.

- 시금치는 겨울에 나오는 포항 시 금치가 맛있다.

고추장 멸치 볶음과
채소 볶음

파프리카는 기본 간만 해도 맛이 좋은 채소이다. 알록달록 보기만 해도 예쁜 색감에 눈으로 먼저 먹는다. 간단한 도시락에 선물로 소시지 구이 하나를 넣었다. 채소 볶음으로 도시락 반찬을 만드는 날은 도시락 주인공이 변비로 고생하는 날이기도 하다.

고추장 멸치 볶음

{재료}
중멸치 2줌
맛기름 1숟가락
통깨 조금

{양념장}
고추장 2숟가락
고운 고춧가루 2숟가락
조림장 3숟가락
고추기름 1숟가락
물엿 2숟가락
마늘 1/2숟가락
통깨 조금

1. 멸치는 내장을 발라내고 비린내를 없애기 위해 마른 프라이팬에 한번 볶아준다.
   - 냉장고에 들어 있었던 멸치라면 반드시 이 과정을 거친다.

2. 볶은 멸치는 체에 털어 찌꺼기를 분리한다.
   - 찌꺼기를 분리하면 고추장 멸치볶음이 깔끔해진다.

3. 양념장 재료를 모두 넣고 양념장을 만든다. 손질된 멸치에 맛기름을 넣어 30초 정도 볶다가 양념장을 넣는다.

4. 양념장을 골고루 비벼가며 1분 정도 볶으면 완성이다. 통깨를 적당량 뿌린다.

채소 볶음

{재료}

피망 조금

양파 조금

미니 양배추 조금

허브솔트 1/2숟가락

올리브유 1숟가락

{TIP}
채소는 냉장고 자투리
채소를 이용해도
좋다. 허브솔트 대신
소금, 후추로
대신해도 된다.

1 파프리카와 양파, 미니 양배추를 먹기 좋게 썰어둔다.

2 열이 오른 프라이팬에 올리브유를 두르고 채소를 넣는다.

· 충분히 예열해서 팬이 달아올랐을 때 볶는 것이 좋다

3 허브솔트로 간을 하고 단시간에 볶아낸다. 채소의 식감이 살아 있도록 1분 안짝으로 볶는다.

· 채소 볶음은 넓은 접시에 식힌 다음 도시락 반찬 통에 담는다.

어묵 소시지전과
비름나물 무침

누에같이 생긴 초석잠을 보고 처음에는 놀라지만, 알고보면 그 맛과 효능이 뛰어나다. 치매 예방에도 도움이 되고 장을 튼튼하게 하는 데도 도움이 된다고 해서 초석잠으로 밥을 하고 비름나물 무침과 어묵 소시지전을 곁들인 건강 도시락을 만들었다. 도시락 주인공은 50대 중반인데, 그 흔한 성인병이 하나 없다. 운동을 꾸준히 하는 것도 그 비결이겠지만, 평소 먹는 것을 건강 재료로 챙겨 먹는 것 덕분이 아닐까 한다.

어묵 소시지전

{재료}
어묵 4개
소시지 5개
달걀 2개
밀가루 1/2컵
소금 조금
파슬리 가루 조금
식용유 조금

{미리 준비}
꼬치에 꼽는 과정까지
전날 미리 해두면
좋다.

1. 어묵과 소시지는 끓는 물에 한번 데쳐서 준비한다.

- 15초 정도 넣었다 건지면 된다.

2. 어묵과 소시지를 동글동글 썰어 어묵에 소시지를 끼운다. 지지기 쉽도록 이쑤시개에 끼운다.

- 소시지 대신 햄을 으깨어 넣어도 좋고 참치를 넣어도 맛이 좋다.

3. 어묵 소시지에 밀가루 옷을 입힌다. 달걀을 풀고 소금과 파슬리 가루를 넣는다. 어묵 소시지를 달걀 물에 적신다.

4. 열이 오른 프라이팬에 어묵 소시지를 올려서 앞뒤로 노릇하게 지져낸다.

비름나물 무침

{재료}

비름나물 1줌
양념 쌈장 1숟가락 반
다진 대파 1/2숟가락
마늘 1/2숟가락
참기름 1숟가락
통깨 조금

1. 비름나물은 연하고 부드러운 것으로 준비한다. 굵은 줄기는 잘라내고 삶을 준비를 한다.

2. 끓는 물에 소금을 조금 넣고 비름나물을 30초 정도 삶는다.
   - 비름나물 상태에 따라 30초~1분 정도의 시간이 소요된다.

3. 삶은 비름나물은 찬물에 2~3번 씻어 물기를 짜고 양념 쌈장, 다진 대파, 다진 마늘을 넣고 조물조물 무친다.

4. 참기름과 통깨를 넣어 완성한다.
   - 간이 모자라면 소금을 추가한다.

단호박 고구마 호두 조림과
꽈리고추 무침

나이가 들면 들수록 식이섬유와 견과류를 자연스럽게 먹여야 한다. 도시락 주인공은 단호박, 고구마, 감자, 미역 같은 식재료를 참 좋아한다. 그런 재료를 사용해 맛깔나게 음식을 해내면 도시락 주인공은 참 잘 먹는다. 잘 먹어주는 것에 고마워 해야 한다고 말하는 그가 가끔 얄미울 때도 있다. 그래도 이웃들이 전생에 나라를 구했느냐고 하니 그냥 웃어 넘긴다. 단호박, 고구마, 호두로 영양 가득한 조림을 했더니 달콤하고 부드러운 도시락 반찬이 되었다.

단호박 고구마

호두 조림

{재료}

단호박 400g

고구마 200g

호두 1줌

식용유 2컵

{양념}

조림장 5숟가락

설탕 1숟가락

물엿 1숟가락 반

참기름 1숟가락

통깨 조금

{미리 준비}

튀기는 과정까지
전날 저녁에 미리
해두면 좋다.

1. 단호박과 고구마는 껍질 채로 한 입 크기로 썰어둔다. 호두도 같이 준비한다.

2. 식용유 2컵을 부어 처음부터 단호박과 고구마를 넣어 튀긴다. 단호박과 고구마가 부서지니 젓가락으로 젓지 않는다.

- 기름이 끓기 전에 처음부터 넣어야 속까지 타지 않고 익는다.

3. 단호박과 고구마 겉면이 갈색이 나기 시작하면서 표면이 까슬까슬하게 되면 다 튀겨졌다. 호두도 같이 튀긴다.

- 호두는 10초 정도만 튀기면 된다.

4. 조림장, 설탕, 물엿, 참기름을 넣어 소스를 끓인다. 바글바글 기포가 올라오면 불을 끄고 튀겨놓은 단호박, 고구마, 호두를 넣어 버무린다. 통깨를 뿌려 완성한다.

꽈리고추 무침

{재료}
꽈리고추 420g
밀가루 3숟가락

{양념장}
국간장 1/2숟가락
소금 1/2숟가락
다진 대파 1/2숟가락
참기름 1숟가락
검정 깨 조금

{미리 준비}
꽈리고추를 찌는
단계까지 전날 미리
해두면 좋다.

1 꽈리고추는 꼭지를 따고 깨끗이 씻는다. 너무 큰 것은 반으로 자른다. 물기가 있는 상태에서 밀가루 옷을 입힌다.

2 찜기에 김이 오르면 채반에 면포를 깔고 꽈리고추를 올려서 5분간 찐다.

· 너무 오래 찌면 꽈리 고추색이 변하고 물러지니 조심해야 한다.

3 잘 쪄진 꽈리고추에 다진 대파, 국간장, 소금을 넣어 무친다.

· 고춧가루를 넣어 매콤하게 무쳐도 맛있다.

4 참기름과 검정 깨를 넣어 완성한다.

말린 새송이 쇠고기 볶음과
우엉 양념 구이

똑같은 재료로 다른 반찬을 만들기 위한 노력은 일상에서 묻어난다. 새송이 버섯을 넉넉하게 들여온 날은 새송이를 말린다. 말린 새송이는 영양도 높고 저장까지 오래할 수 있어서 좋았다. 새송이 버섯에 쇠고기를 넣어 볶고 매콤하게 빨간 양념 옷을 입은 우엉 양념 구이를 준비했다. 냄새부터 차원이 달라 맛있는 도시락이 될 것을 미리 예감한다.

말린 새송이 쇠고기볶음

{재료}

새송이 버섯 1줌 반

쇠고기 등심 50g

마늘종 2줄기

조림장 1숟가락

국간장 1숟가락

맛술 1숟가락

다진 마늘 1숟가락

식용유 1숟가락

후추 조금

통깨 조금

{쇠고기 밑간}

조림장 1/2숟가락

맛술 1/2숟가락

생강 청 1/2숟가락

참기름 1/2숟가락

후추 조금

{미리 준비}

새송이 버섯은
전날 미리 불려둔다.

1. 새송이 버섯은 쌀뜨물에 1시간에서 1시간 30분 정도 불려 찬물에 여러 번 씻어 준비해둔다. 마늘종은 6~7cm 길이로 반 잘라 썰어둔다. 쇠고기는 밑간 해둔다.

2. 식용유를 두른 프라이팬에 새송이 버섯과 마늘을 넣어 마늘 향이 올라올 때까지 살짝 볶는다.

   • 이때 새송이 버섯은 조림장, 국간장, 맛술을 넣고 무친 후에 볶는다.

3. 밑간해둔 쇠고기도 같이 넣어 새송이 버섯과 같이 볶아준다.

4. 쇠고기와 새송이 버섯의 맛이 어우러지면 마늘종을 넣어 볶는다. 후추와 참기름을 넣고 마무리한다.

우엉 양념 구이

{재료}

우엉 100g

식용유 1숟가락

{양념장}

조림장 1숟가락

고추장 1숟가락

고운 고춧가루 1/2숟가락

다진 마늘 1/2숟가락

다진 대파 1/2숟가락

물엿 1숟가락

맛술 1숟가락

고추기름 1숟가락

후추 조금

통깨 조금

{TIP}

우엉은 껍질 채로
써도 좋다.

1 우엉은 칼등으로 겉을 긁어서 준비한다.

2 우엉은 0.2~0.3cm 두께로 어슷 썰기 한다.

3 어슷썰기 한 우엉은 식초와 소금을 조금 넣고 2분 정도 삶는다.

• 우엉을 삶을 때 식초를 넣어주면 우엉 색깔이 변하지 않는다.

4 양념장 재료를 모두 넣고 양념장을 만들어 우엉에 무친다. 식용유를 두른 프라이팬에 양념장을 무친 우엉을 올린다. 양념이 타지 않도록 잘 구워 통깨를 뿌린다.

한 그릇 도시락

한 그릇 도시락은 반찬이 따로 필요 없다. 누구나 쉽게 구할 수 있는 재료로 간편하게 만들어 간단하게 먹는다. 물론 그 맛 역시 일품이다. 별다른 재료 없이도 맛있게 먹을 수 있는 도시락 메뉴들은 출장 갈 때나 야외에서도 간단하게 즐길 수 있어 좋다.

마파두부 덮밥

중국요리에 빠질 수 없는 두반장 대신 어느 집에나 다 있는 고추장과 두부로 만든 마파
두부 덮밥은, 한국사람 입맛에 딱 맞는다. 근사한 외식 메뉴가 부럽지 않은 건 집밥이 맛
있기 때문이다. 건강한 재료로 정성 들여 만든 마파두부 덮밥 한 그릇 도시락은 부드럽
게 술술 넘어가는 우리 집 인기 메뉴다.

{재료}

두부 반 모

돼지고기 50g

청양 고추 2개

대파 1뿌리

마늘 작은 것 5톨

고추장 1숟가락

고운 고춧가루 2숟가락

조림장 2숟가락

굴 소스 1숟가락

멸치 육수 1컵 반

식용유 1숟가락

후추 조금

{감자 전분}

감자 전분 2숟가락

물 2숟가락

1. 두부는 깍둑썰기하고 마늘은 편 썰기, 대파와 청양 고추는 잘게 썰어서 준비한다. 돼지고기 간 것 은 핏물을 제거한 후 준비해둔다.

- 돼지고기에 따로 밑 양념을 하지 않아도 좋다.

2. 열이 오른 팬에 식용유를 두르 고 마늘과 대파, 청양 고추를 넣 어 향이 올라오면 고추장, 고춧 가루, 조림장, 굴 소스를 넣는다.

- 양념 넣을 때는 불을 잠시 끈다.

3. 고추장 양념이 만들어지면 돼지 고기를 넣어 볶는다.

- 양념장이 만들어지고 나면 다시 불을 켜서 저어가며 돼지고기가 익도록 볶는다.

4. 돼지고기가 다 익었으면 멸치 육 수를 넣어준다. 소스가 끓어오르 면 두부를 넣는다. 준비된 감자 전분을 조금씩 넣으며 농도를 맞 춘 후, 마지막으로 후추를 넣어 완성한다.

오징어 볶음 덮밥

국, 볶음, 구이, 조림 어떻게 조리해도 좋은 오징어는 우리 집 냉동고에 늘 준비되어 있는 재료 중 하나다. 갑자기 손님이 찾아와도 문제 없다. 후다닥 빠르게 한 접시 볶아내면 언제든지 오케이다. 칼칼하고 개운한 매콤 양념으로 볶은 오징어 볶음은 소면을 곁들이면 든든한 술안주가 되기도 하지만 한 그릇 도시락 메뉴로도 인기만점이다.

{재료}

오징어 2마리

백일송이버섯 반 줌

양파 반 토막

당근 1/3토막

깻잎 5장

쪽파 5개

청양 고추 3개

무순 조금

식용유 1숟가락

참기름 1/2숟가락

{양념장}

고추장 2숟가락

고춧가루 2숟가락

조림장 2숟가락 반

설탕 1숟가락

생강 청 1숟가락

다진 마늘 1숟가락

맛술 1숟가락

후추 조금

{미리 준비}

양념장 재료를 모두
넣어 미리 매콤 양념장을
준비한다.

1 당근은 반 잘라 어슷 썰고 양파는 1cm정도의 굵기로 채 썬다. 쪽파는 5cm 길이로 썰고 청양 고추는 어슷 썰기. 깻잎은 듬성듬성 썰어서 준비해둔다.

2 오징어는 배를 가르고 내장을 꺼낸 다음 물렁뼈를 제거하고 손가락 두께로 썰어서 준비한다.

3 열이 오른 프라이팬에 먼저 식용유를 두르고 당근과 양파를 넣어 살짝 볶는다. 볶아진 야채에 오징어를 넣는다.

4 오징어에 미리 만들어둔 양념을 넣어 센 불에 5분간 볶는다. 오징어가 익으면 쪽파와 청양 고추, 깻잎을 넣고 참기름을 두른다.

· 열이 낮으면 오징어도 질겨지고 야채도 물러진다.

사과향 갈빗살 카레라이스

해가 지고 식사 시간이 다가오면 아이들은 "엄마, 오늘 저녁은 뭐야?" 하고 자주 묻는다.
고민하다보면 만만한 것이 카레라이스였다. 거기에 갈빗살만 구워 곁들이면 아이들 입에서
"우와" 소리가 절로 나온다. 여기에 사과까지 송송 썰어 올리면 애들 입이 귀에 걸린다.
카레라이스가 도시락일 경우에는 재료 선택부터 달라진다. 더디 익는 야채보다는 빨리 익
는 야채를 골라 채를 썰어 카레라이스를 만들면 바쁜 아침 시간에도 10분이면 도시락이
완성된다.

{재료}

갈비살 50g

양파 1/4토막

표고버섯 1개

미니 양배추 2톨

당근 1/4토막

사과 1/4토막

카레 1봉지

물 3컵

식용유 1숟가락

소금 조금

허브솔트 조금

1 양파, 당근, 표고버섯은 채 썰고 미니 양배추는 4등분으로 토막내 준비한다. 냄비에 식용유를 두르고 야채를 살짝 볶는다. 소금 간을 약하게 한다.

2 물을 부어 농도를 잡는다.

3 끓어오르면 카레 가루를 넣어 저어준다. 카레가 걸쭉해지면 완성이다.

4 카레가 만들어지는 동안 갈빗살에 허브솔트를 뿌려 굽는다.

· 사과를 잘게 썰어 고명으로 올린다.

깻잎 양파 덮밥

장마철이 되기 전 햇양파를 넉넉히 구입해두는 것을 잊지 않는다. 달고 맛있는 햇양파는
도시락 반찬으로 담기에 제격이다. 매콤하게 볶은 양파 볶음에 바삭하게 튀긴 깻잎 튀김
을 더하면 참 잘어울린다. 깻잎 기름에 볶아 더 맛있는 초간단 양파 볶음과 고소한 깻잎
튀김. 여기에 서비스로 같이 올린 구운 베이컨은 선물이다.

{재료}

양파 반 토막

깻잎 10장

베이컨 3줄

조림장 2숟가락

국간장 1숟가락

고춧가루 1숟가락 반

마늘 1/2숟가락

깻잎 기름 1숟가락

후추 조금

물 조금

통깨 조금

{TIP}
가지를 추가해도
맛이 좋다.

1　깻잎, 양파, 베이컨을 준비한다.

- 깻잎과 양파는 채 썰어둔다.

2　끓는 기름에 깻잎을 넣고 까슬까
슬해지면 건져낸다. 튀긴 깻잎은
티슈에 건져 놓는다. 베이컨은
구워서 잘게 썰어둔다.

- 도시락에 담을 때 깻잎 튀김은 따
로 담는것이 좋다.

3　깻잎을 튀긴 깻잎 기름을 1숟가
락 두르고 양파를 올린다. 조림
장, 국간장, 고춧가루, 마늘을 넣
어 양념을 해서 볶는다.

- 중불에서 볶는다.

4　볶으면서 양념이 타면 물을 조금
추가한다.

- 양파가 너무 무르도록 볶지 않는
다. 아삭아삭한 식감이 살아 있도
록 볶는 것이 맛이 좋다.

닭 다리 살 덮밥

매일같이 도시락을 싸다보면 요일별로 도시락 메뉴가 자연스럽게 정해진다. 특히 남편이 힘든 날은 잘 체크해서 도시락에 힘을 실어주려고 노력한다. 오븐에 구워서 기름기를 제거한 다음 촉촉하게 간장소스로 볶아낸 담백한 닭 다리 살 덮밥은, 일주일 중 가장 힘든 목요일 도시락 메뉴로 좋았다. 매일 도시락을 쌀 때 요일 별 기분에 맞추어 도시락 메뉴를 구성하면 건강에도 도움이 되고 기분전환도 된다.

{재료}

닭 다리 살 3개

허브솔트 1숟가락

양파 1/2토막

표고버섯 2개

대파 흰 부분 약간

방울토마토 3개

청홍고추 1개씩

청홍 피망 약간씩

마늘 3톨

{양념장}

굴소스 1숟가락

조림장 3숟가락

물엿 2숟가락

참기름 1숟가락

맛술 1숟가락

후추 조금

통깨 조금

{TIP}
닭 다리 살이 아닌
닭 가슴살을 이용해도
좋다.

1. 닭 다리 살은 허브솔트를 뿌려 280도 오븐에서 40분간 구워준다. 촉촉한 정도로 굽는다.

- 조금 덜 구운 느낌이 들 정도로 굽는 것이 노하우다. 바싹 구우면 닭 다리 살이 퍽퍽해진다.

2. 오븐에서 구운 닭 다리 살은 한 입 크기로 자른다. 닭 다리 살과 마늘, 양파, 대파를 넣고 아무것도 두르지 않은 프라이팬에서 노릇하게 굽는다.

- 닭 특유의 잡냄새까지 잡는 과정이다.

3. 굴 소스, 조림장, 물엿, 맛술을 넣어 5분간 센 불에서 볶아준다.

- 센 불에서 볶아 간장이 약간 타는 냄새가 나면 더 맛이 좋아진다.

4. 닭 다리 살에 간장 양념이 배면 남은 야채, 피망, 방울토마토를 넣어 같이 볶는다. 참기름과 후추를 뿌려 완성한다.

- 야채가 완전히 익지 않아도 된다. 야채 색이 살아 있으면 더 먹음직스럽다.

춘장 볶음밥

우리 집은 외식을 자주 하지 않는다. 소문난 맛집보다 더 맛있다는 가족들의 평가가 나의 요리실력을 더 키웠다. 매번 엄마 밥이 제일 맛있다며 싹싹 그릇을 비우는 가족들을 보며, 더 맛있는 것, 더 좋은 것을 해주고 싶었다. 칭찬으로 만들어진 가장 대표적인 메뉴가 춘장 볶음밥이다. 눈처럼 내려 앉은 달걀 노른자에 미소부터 짓게 되는 춘장 볶음밥은 밥투정하는 아이들도 좋아하는 메뉴다. 반찬 없는 날 간단하게 점수 따기에도 손색없다.

{재료}

밥 2공기

호박 1/4토막

당근 1/4토막

양파 1/4토막

표고버섯 1개

대파 1뿌리

마늘 3톨

돼지고기 간 것 50g

춘장 1숟가락

굴 소스 1숟가락

설탕 1/2숟가락

조림장 1/2숟가락

맛술 1/2숟가락

식용유 1숟가락 반

{미리 준비}

전날 저녁에 3번까지
준비해두면 아침에는
밥만 넣어 볶으면
된다.

1 식용유를 조금 두르고 깍둑썰기
한 당근, 양파, 호박, 표고버섯을
먼저 볶아둔다. 이때 간은 소금
으로 약하게 한다.

2 채소를 다 볶았으면 식용유를 두
르고 대파와 마늘을 넣어 향을
낸 다음 돼지고기를 넣어 잘 저
어가며 볶아준다. 돼지고기는 미
리 핏물을 제거하고 소금, 후추,
참기름으로 밑간해둔다.

3 춘장, 굴 소스, 조림장, 설탕, 맛
술을 넣어 풀고 미리 볶아놓은
채소를 넣어 골고루 저어준다.

· 이 상태에서 밥을 비벼도 좋고 면
을 넣어도 맛있게 먹을 수 있다.

4 마지막으로 밥을 넣어 골고루 볶
아준다.

· 찬밥일 경우 전자레인지에 살짝
데워서 볶으면 좋다.

대파 달걀 볶음밥

대파와 달걀만 갖고 볶음밥을 만들어본다. 별 재료가 들어가지 않아도 고소하고 맛있는
볶음밥의 비결은 바로 대파다. 대파를 환절기에 많이 섭취하면 감기 예방에도 도움이 된
다. 그래서 가족들이 자연스럽게 대파를 섭취할 수 있도록 대파가 들어간 메뉴를 많이
생각한다. 볶음밥을 도시락으로 할 경우, 느끼할 수 있으니 기름을 적절히 사용해야 한
다. 볶음밥이면서 담백하고 깔끔한 맛을 대파로 내보았다. 곁들임 반찬으로 함께 담은
모둠 채소 피클은 입안을 상큼하게 한다.

{재료}

달걀 2개

대파 1뿌리

마늘 작은 것 5톨

사천고추 2개

소금 조금

식용유 1숟가락 반

통 들깨 조금

후추 조금

1. 열이 오른 프라이팬에 식용유 1/2숟가락 두르고, 소금으로 간해 풀어놓은 달걀을 부어 재빠르게 젓는다. 보슬보슬한 스크램블 에그가 완성되면 따로 접시에 담아놓는다.

2. 달걀을 볶은 프라이팬에 다시 식용유 1숟가락을 두르고 대파, 마늘, 사천고추를 넣어 향을 낸다.

3. 뜨거운 밥을 넣어 골고루 비비면서 소금으로 간을 한다.

4. 미리 만들어 둔 스크램블 에그를 넣어 볶아주면서 후추를 넣는다

- 기호에 따라 통 들깨나 검정 깨를 넣는다.

강황 가루 마늘종 볶음밥

5월이면 햇마늘종이 한창이다. 항암효과와 피로회복에 좋은 마늘종과 몸 속의 암세포 성장을 억제하며 대장암과 위장암에 효과적인 강황가루를 넣어 볶음밥을 만들었다. 항상 장이 안 좋은 남편의 도시락 메뉴로 안성맞춤이다. 곁들임 반찬으로 마늘종 장아찌와 방울토마토를 입가심으로 넣었다.

{재료}

마늘종 1/2컵

양파 작은 것 1/2토막

베이컨 2장

밥 1공기

강황 가루 1/2순가락

소금 조금

후추 조금

{곁들임 반찬}

방울토마토

마늘종 장아찌

{참고}

마늘종 장아찌는
286페이지를 참고한다.

1. 마늘종과 양파는 잘게 썰어 준비한다. 고슬고슬한 밥도 준비한다. 베이컨은 3cm 길이로 잘라 프라이팬에 구운 후 기름이 빠지도록 티슈에 올려둔다.

2. 베이컨을 구운 기름에 마늘종과 양파를 넣고 중불에서 1분간 볶는다.

- 기름이 부족하면 식용유를 살짝 추가한다.

3. 볶아진 마늘종과 양파에 밥과 강황 가루를 넣어 골고루 섞어준다.

- 마늘종과 양파가 볶아진 다음에 불을 끄고 강황 가루와 밥을 비비는 것이 좋다.

4. 강황 가루에 밥이 노랗게 물들면 불을 켜서 볶다가 소금과 후추로 간을 한다. 완성된 볶음밥에 구워 놓은 베이컨을 넣어 섞는다.

- 기름을 추가로 사용하지 않고 베이컨을 굽고 남은 기름을 활용해서 풍미가 좋다.

깍두기 볶음밥

가을부터 이듬해 초여름까지 달고 맛있는 제주 무로 깍두기를 늘 담가 먹는다. 새콤하게 익은 깍두기 국물에 찬밥을 넣어 비벼 먹어도 입맛이 살아나고 소면을 넣어 비벼 먹어도 맛이 그만이다. 새콤하게 익은 깍두기는 오랜 시간 책상에 앉아 있는 직장인들의 소화에도 도움이 되는 건강한 도시락 메뉴가 되곤 했다.

{재료}

깍두기 1/2컵

깍두기 국물 3숟가락

밥 1공기

쇠고기 50g

양파 작은 것 1/2토막

고운 고춧가루 1/2숟가락

조림장 1숟가락

실파 조금

후추 조금

검정 깨 조금

맛기름 1숟가락

{쇠고기 밑간}

소금 조금

후추 조금

매실액 1/2숟가락

1 맛기름을 두르고 밑간한 쇠고기를 고슬고슬하게 볶는다.

2 잘게 썬 깍두기와 깍두기 국물을 넣고 1분간 볶는다.

3 잠시 불을 끄고 밥과 고춧가루, 조림장을 넣어 비빈다. 비빈 다음에 다시 불을 켜 1분간 볶는다.

4 후추로 마무리 간을 한다. 실파를 잘게 썰어 고명으로 올린다.

• 모자라는 간은 소금으로 추가한다.

토마토 옥수수 볶음밥

언젠가 대학 찰옥수수를 맛본 이후로 우리 집에는 옥수수가 떨어지지 않는다. 이웃으로
부터 대량으로 구입해 완전히 익히지 말고 2/3 정도만 쪄서 먹을 만큼 소분해 보관한다.
냉동고에 보관해두고 요리할 때 사용하거나 아이들 간식으로 꺼내준다. 토마토를 익히
면 은근한 향이 참 좋았다. 방울토마토를 잘게 썰어 옥수수를 곁들여 밥을 볶으면 볶음
밥이 신선해진다. 건강하게 즐길 도시락 메뉴를 찾는다면 토마토 옥수수 볶음밥이 정답
이다.

{재료}

방울토마토 7개

밥 1공기

닭 가슴살 50g

새싹 채소 조금

맛기름 1숟가락

소금 1/3숟가락

참기름 1숟가락

후추 조금

{닭 가슴살 양념}

소금 조금

후추 조금

파마산 치즈 가루 1숟가락

{토마토 절임}

토마토 6개

올리브유 1숟가락

발사믹 식초 1/2숟가락

{TIP}

옥수수는 삶아서
냉동 보관해두었다가
필요할 때 사용하면 좋다.

1 방울토마토와 닭가슴살을 비슷한 크기로 맞춰 썬다. 닭가슴살을 프라이팬에 맛기름을 두르고 볶는다. 닭가슴살이 하얗게 변하면 파마산 치즈 가루를 뿌린다.

2 닭 가슴살을 볶은 프라이팬에 옥수수와 방울토마토를 넣고 센 불에서 1분 정도 볶는다.

- 기름은 따로 사용하지 않는다.

3 준비된 밥을 넣어 빠르게 볶다가 닭 가슴살을 넣고 볶는다. 참기름을 넣어 센 불에서 10초 정도 더 볶아준다.

4 올리브유와 발사믹 식초를 넣어 절인 방울토마토를 곁들인다.

- 토마토 볶음밥에 토마토 절임을 곁들이면 신선함이 배가 된다

약고추장 새싹 비빔밥

도시락 주인공은 밥상에 나물만 올라 왔다 하면 비빈다. 어떤 날은 품위 있게 먹어 주었으면 하는 바람도 있다. 가끔 핀잔을 주긴 하지만 말은 그렇게 해도 나는 남편이 밥을 비빌 고추장에까지 신경을 썼다. 약고추장 볶음 하나만 만들어두어도 비빔밥 만드는 것은 어렵지가 않다. 비빔밥이 꼭 오방색을 갖추어야 하는 것은 아니다. 어느 집에나 다 있는 김치, 콩나물, 된장, 고추장으로 제철 채소를 이용해서 간단하게 한 그릇 비빔밥을 준비해보자.

{재료}

약고추장
어린 채소 1줌
새싹 채소 반 줌
참기름 1숟가락

{약고추장 만들기}

쇠고기 간 것 50g
표고버섯 2개
견과류 조금
다진 마늘 1숟가락 반
고추장 5숟가락
고운 고춧가루 2숟가락
조림장 2숟가락
물엿 2숟가락
맛술 1숟가락
맛기름 1숟가락
소금 조금
후추 조금

{TIP}
약고추장은 적당히
만들어두고 채소와
곁들여 먹으면 좋다.

1. 열이 오른 프라이팬에 맛기름을 두르고 쇠고기 간 것과 마늘을 넣어 2분 정도 볶는다. 소금과 후추로 간을 한다.

- 쇠고기 색깔이 하얗게 변하면 다 익었다는 표시이다.

2. 볶은 쇠고기에 고추장, 고운 고춧가루, 조림장, 물엿, 맛술을 넣고 볶는다. 고추장이 어우러지면 잘게 다진 표고버섯과 견과류 가루를 넣어 1분간 더 볶는다.

3. 약고추장 농도가 자작 자작하면 성공이다. 타지 않게 볶는 것이 중요하다.

4. 약고추장과 새싹 채소, 어린 채소를 준비해 함께 담는다.

- 냉장고에 있는 제철 채소를 이용하도록 한다.

우렁 강된장 부추 비빔밥

한 그릇 도시락 메뉴로 좋은 강된장 부추 비빔밥은 주로 여름 비빔밥으로 이용했다. 부추 대신 상추나 쑥갓을 곁들여도 좋다. 집 된장에 우렁을 넣어 만든 강된장은 비빔장으로도 좋지만 쌈장으로 이용해도 좋다. 부추 무침에 두부를 구워 곁들이면 좋은 단백질을 어렵지 않게 섭취할 수 있다.

{재료}

우렁 500g

집 된장 5숟가락

　　(재래식 된장)

쇠고기 50g

멸치 육수 반 컵

표고버섯 1개

양파 1/4토막

애호박 1/4토막

다진 마늘 1숟가락

대파 흰 부분 조금

청홍 고추 1개

맛기름 1숟가락

{TIP}

간을 하는 둥 마는 둥
약간만 하는 것이
포인트다.

1　맛기름을 두르고 쇠고기와 마늘,
대파를 넣어 1분간 볶는다.

· 마늘과 대파 향이 올라오면서 쇠
고기에 향이 베인다. 쇠고기 잡냄
새도 잡아주고 맛도 좋아진다.

2　볶은 쇠고기에 집 된장과 멸치
육수를 넣는다.

3　바글바글 끓어오르면 표고버섯
과 양파, 애호박을 넣어준다.

4　마지막으로 우렁과 청홍 고추를
넣어 한번 끓어오르면 불을 끈다.

· 싱겁게 무친 부추와 함께 곁들여
먹는다.

낙지 콩나물 비빔밥

남편은 쫄깃한 낙지의 식감을 좋아해서 도시락 반찬으로도 즐겨 이용하는 반찬이다. 열대야가 연일 계속되는 여름에는 입맛도 뚝 떨어진다. 한여름 기운 없을 때 자주 준비하던 낙지 콩나물 비빔밥이다.

바쁜 아침시간에 낙지볶음과 콩나물국까지 준비하려면 괜시리 어렵고 힘들게 느껴진다. 그러나 전자렌지를 이용하면 어렵지 않게 낙지 콩나물 비빔밥을 빠르게 준비할 수 있다. 콩나물 1줌에 다시마 육수 2컵을 넣고 전자렌지에서 5분 30초 정도 돌린다. 데친 콩나물은 무쳐서 낙지 비빔밥과 함께 싼다. 데친 국물에 콩나물을 약간 넣고 소금으로 간하면 콩나물국도 완성이다.

{재료}

낙지 6마리

양파 1/4토막

청홍 고추 1개씩

쪽파 조금

밀가루 1숟가락

굵은소금 1/2숟가락

{양념장}

고운 고춧가루 5숟가락

조림장 2숟가락

멸치 액젓 2숟가락

매실 액 1숟가락

물엿 2숟가락

맛술 1숟가락

고추기름 1숟가락

다진 마늘 1숟가락 반

후추 조금

{미리 준비}

양념장 재료를 모두 넣어
양념장을 전날 저녁에
미리 만들어둔다.

1 낙지는 내장을 꺼내고 밀가루를 넣어 박박 주물러 불순물을 제거한다.

- 굵은소금을 넣어 주물러도 된다.

2 끓는 물에 소금을 약간 넣고 낙지를 넣어 1분간 데친다. 삶은 낙지는 5~6cm 길이로 자르고, 양파와 쪽파, 청홍 고추를 썰어 준비한다.

3 삶은 낙지에 양념장을 넣어 골고루 무친다.

- 불은 켜지 않는다.

4 센 불에서 2분간 낙지를 볶다가 채소를 넣어 숨이 죽을 때까지 볶는다. 기호에 따라 통깨와 참기름을 넣는다.

참나물 꼬막 비빔밥

나른한 봄날 새콤달콤 초고추장을 곁들인 참나물 꼬막 비빔밥은 언제나 환영 받았다. 갑
자기 손님이 오셨을 때 한 그릇 요리로 뚝딱 만들어 나갈 수 있었던 것은 초고추장이 항
상 준비되어 있었기 때문이다. 미리미리 준비해둔 초고추장 양념장과 봄 채소, 꼬막을 곁
들이면 어지간한 비빔밥은 명함도 못 내민다.

{재료}
참나물 1줌
꼬막 1컵
초고추장 2숟가락
참기름 1숟가락
굵은소금 1숟가락

{미리 준비}
꼬막을 미리 손질해두
고 도시락 싸기 전에
무치면 좋다.

{참고}
초고추장은 19페이지
를 참고한다.

1 소금을 약간 넣고 검은 봉지를 씌
워 1~2시간 두어 꼬막을 해감한
뒤 박박 씻어 불순물을 없앤다.

2 끓는 물에 꼬막과 굵은소금을 넣
어 한 방향으로 2~3번 저어주다
가 불을 끈다. 뚜껑을 덮어 1~2
분 뜸을 들이면 쫄깃하게 꼬막이
삶아진다.

3 밥은 통 들깨와 참기름 1숟가락
을 넣어 골고루 비벼서 도시락통
에 담는다.

4 참나물을 5~6cm로 썰어 담
고 꼬막살을 올리고 초고추장을
곁들이면 초간단 참나물 꼬막 비
빔밥이 완성된다.

김치 비빔밥

어느 집에나 다 있는 배추김치. 잘 익은 김치 하나만 있으면 열 반찬 부럽지 않다.

도시락 반찬으로 준비해둔 것이 딱히 없다면 김치 비빔밥으로 뚝딱 또 하루치 도시락을

만들어낸다. 대구의 8월은 지독한 더위와 싸워야 한다. 도시락을 준비하는 것도 힘들지

만 먹는 사람도 때로는 부담스럽다. 한여름 더위에 지칠 때 잘 익은 김치 하나로 김치 비

빔밥을 만들어보자.

{재료}

배추김치 3~4장

무순 조금

달걀 2개

{양념장}

고추장 1/2숟가락

고운 고춧가루 1/3숟가락

물엿 1/2숟가락

고추기름 1/2숟가락

청양 고추 1개

참기름 1숟가락

통깨 조금

{미리 준비}

전날 저녁에 지단을
준비해두면 좋다.

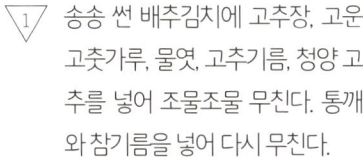 ① 송송 썬 배추김치에 고추장, 고운 고춧가루, 물엿, 고추기름, 청양 고추를 넣어 조물조물 무친다. 통깨와 참기름을 넣어 다시 무친다.

· 김치가 잘 익지 않았어도 양념을 하면 먹을만하다.

② 달걀 두 개를 잘 풀어 소금을 넣고 지단을 얇게 부친다. 한 김 식혀 길게 채썬다.

③ 고슬고슬하게 지은 흑미밥에 참기름을 넣어 먼저 비비면 밥이 더 맛있어진다.

④ 밥에 김치 무침을 올리고 지단, 그리고 무순을 올리면 김치 비빔밥 완성이다.

닭 가슴살 오이 초밥

도시락 주인공은 생선 초밥을 좋아하지만 도시락으로 생선 초밥을 준비할 수는 없었다.
봄에 나오는 봄나물로 나물 초밥을 만들기도 했다가, 이번에는 닭 가슴살과 오이를 넣
어 숟가락으로 떠 먹는 초밥을 만들었다. 단촛물을 따로 만들지 않고 밥을 할 때 간을
더하면 쉽고 편하게 만들 수 있었다.

{재료}

불린 쌀 6컵

물 6컵

식용유 1숟가락

소금 1/2숟가락

식초 1숟가락

맛술 1숟가락

설탕 1숟가락

다시마 2~3장

닭 가슴살 1조각

허브솔트 1/2숟가락

파마산 치즈 가루 1숟가락

오이 1개

참기름 1/2숟가락

1. 30분 불린 쌀에 다시마, 소금, 식초, 맛술, 설탕을 넣어 압력솥에서 초밥용 밥을 한다.

- 이렇게 지은 밥은 김 초밥으로 활용해도 좋다.

2. 닭 가슴살을 0.2cm 두께로 잘게 썰어서 허브솔트로 간을 한다. 프라이팬에 참기름을 약간 두르고 센 불에서 닭 가슴살을 익힌다. 파마산 치즈 가루를 넣어 한 번 더 볶는다.

3. 오이는 0.2~0.3cm 두께로 반달 모양으로 썰어서 소금을 뿌려 30분간 절인다. 면포에 싸 수분을 꼭 짜고 열이 오른 팬에 참기름 약간 두르고 오이를 재빨리 볶는다.

4. 닭 가슴살과 오이 볶음이 준비되었으면 한 김 식힌다. 밥은 미리 식혀서 도시락 용기에 담는다. 완전히 식힌 밥 위에 준비해 둔 닭 가슴살과 오이 볶음을 올리고 발사믹 식초를 뿌린다.

충무김밥

새해면 가족 여행으로 통영을 자주 갔었다. 일출을 보면서 각자 한해 동안 계획과 실천을 다짐하는 시간을 가졌다. 돌아와서는 통영의 먹거리 중 충무김밥을 잊을 수가 없었다. 그래서 집에서 만들어보았다. 새콤달콤 즉석 무김치에 칼칼한 양념으로 무친 오징어 어묵 무침은 개운하기까지 하다. 현지에서 먹어본 충무김밥과 비교불가라며, 만들어놓고 스스로 흐뭇해 했던 충무김밥 도시락이다. 충무김밥은 밥과 반찬을 따로 먹는 김밥으로 고치로 찍어 먹어야 제 맛이 나는듯하다.

무김치

{재료}

무 1토막

소금 3숟가락

물 2컵

식초 3숟가락

설탕 2숟가락

{양념장}

고춧가루 3숟가락

멸치 액젓 1숟가락 반

다진 마늘 1숟가락

다진 생강 1/2숟가락

물엿 1숟가락

통깨 조금

1. 무는 삐뚤삐뚤하게 어슷 썰어서 소금, 물, 식초, 설탕을 넣은 물에 1시간 절인다.

- 겨울에는 무김치를 대신 사용해도 된다. 햇무일 경우에는 반드시 절임 과정을 거치는 것이 좋다.

2. 절인 무는 찬물에 두어 번 씻어 채반에 물기를 뺀다.

- 식감이 꼬들꼬들한 무김치 맛을 원한다면 면포에 꼭 짜주는 것도 하나의 비법이다.

3. 무가 절여지는 동안 무김치 양념을 만든다.

- 햇무는 수분이 많이 나오므로 양념이 되직한 것이 좋다. 보통 김치 양념보다 더 빡빡하다.

4. 무김치에 양념을 넣어 골고루 무친다.

오징어 어묵 무침

{재료}

오징어 1마리
어묵 3장

{양념장}

고춧가루 3숟가락
멸치 액젓 2숟가락
조림장 1숟가락
물엿 2숟가락
참기름 1숟가락
청양 고추 1개
양파 약간
쪽파 약간
통깨 조금

1 오징어는 내장을 꺼내고 물렁뼈를 제거한다. 끓는 물에 소금을 약간 넣고 오징어를 1분 30초 데쳐 낸다.

2 어묵은 삼각형으로 썰어 끓는 물에 넣었다 바로 건진다.

- 이 과정에서 어묵의 좋지 않은 기름이 제거된다.

3 어묵을 아무것도 두르지 않은 팬에 구워준다.

- 오징어와 같이 무쳤을 때 어묵의 씹는 식감도 맞춰주기 위함이다.

4 데친 오징어는 손가락 굵기로 썰어 준비하고 구운 어묵도 준비한다. 양념장을 매콤하게 만든다. 오징어와 어묵에 양념장을 넣고 쪽파, 청양 고추, 양파를 넣어 버무린다.

1 김 한 장을 반 잘라 밥을 골고루 편다.

2 그대로 말아 한입 크기로 썬다.

· 너무 굵으면 한입 크기로 적당하 지 않아서 맛이 없다.

3 도시락으로 싸는 충무김밥에는 참기름과 통깨를 뿌려 준비한다.

· 원래 충무김밥은 참기름을 바르지 않는 것이 특징이지만 입맛에 맞 추어 참기름을 발라도 좋다.

묵은지 곰취 쌈밥

따뜻한 봄이 오기를 기다린다. 인근 재래시장이나 오일장을 찾아 봄에 나오는 산나물을 이용해 장아찌 담그는 일을 즐겨한다. 장아찌를 담기 전 생 곰취향과 묵은지 곰삭은 맛으로 입맛을 돋운다. 우리 집은 묵은지가 떨어지지 않는다. 잘 익은 묵은지에 곰취 향을 더해 쌈밥을 만들어서 소풍가는 기분을 내본다. 여름이 오기 직전, 향이 좋은 곰취를 한가득 구입해 장아찌도 담그고 쌈밥으로도 즐기는데 묵은지와 생 곰취 향이 향기로운 쌈밥이다.

{재료}

묵은지 씻은 것
곰취
쇠고기 300g
조림장 2숟가락
설탕 1숟가락
맛술 1숟가락
참기름 1숟가락
후추 조금

1 묵은지는 찬물에 씻어 양념을 털어낸다. 생 곰취를 준비한다.

2 쇠고기 간 것은 핏물을 제거한 뒤 조림장, 설탕, 맛술, 참기름, 후추로 밑간을 한다. 열이 오른 팬에 센 불에서 저어가며 타지 않게 볶는다.

3 고슬고슬한 밥에 볶은 쇠고기를 넣어 비벼준다.

- 쌈밥용 밥을 할 때는 소금과 식용유를 조금 넣어 밥을 하는 것이 좋다.

4 묵은지를 한 장 놓고 그 위에 곰취와 쇠고기 주먹밥을 올려서 싼다.

- 묵은지 줄기를 적당한 길이로 썰어 밥에 넣어주어도 좋다.
- 완성된 곰취 쌈밥은 그냥 먹어도 좋고 약고추장을 곁들여도 좋다.

깻잎장아찌 쌈밥

제철 채소나 나물을 가장 오래 먹는 방법이 김치와 장아찌가 아닐까? 짜지 않게 담근 장
아찌 황금 비율은 많이 담가보니 저절로 요령이 생겼다. 재료에 따라 들어가는 소스가
다르지만 알고 나면 제일 쉬운 것이 장아찌 담기였다. 봄에 나오는 제철 채소로 장아찌를
넉넉하게 담아두면 두고두고 요긴하게 쓰인다.
고기쌈으로도 좋고 쌈밥으로도 좋아 여름 도시락으로 이용하면 좋다.

{재료}

깻잎장아찌

명이나물 장아찌

마늘종 장아찌

쇠고기 볶은 것

1. 깻잎장아찌, 명이나물 장아찌, 마늘종 장아찌의 장물을 걷어내고 준비한다. 쇠고기 볶음도 고슬고슬하게 만들어 준비한다.

2. 고슬고슬한 밥에 볶은 쇠고기와 마늘종 장아찌를 잘게 썰어 넣어 비벼준다.

- 쌈밥용이나 김밥용 밥은 밥을 할 때 미리 식용유와 소금 간을 하는 것이 편리하다.

3. 밥을 동글동글 한입 크기로 만든 다음 장아찌에 올려 감싼다.

4. 장아찌가 작으면 두 장을 겹쳐서 감싸도 된다

산딸기 복분자 찹쌀 주먹밥

여름에는 복분자와 산딸기가 제철이다. 복분자와 산딸기 청을 만들어 약밥에 넣기도 하고 소스 또는 음료로도 이용할 수 있어서, 제철에 나는 복분자와 산딸기가 반갑기만 하다. 소화가 잘되는 찹쌀에 복분자와 산딸기 청을 넣어 주먹밥을 몇 번 만들어 먹고 나면 불볕더위 대구의 여름도 훅 지나간다.

찹쌀에 복분자 산딸기 청을 넣어 주먹밥을 만들면 잘 뭉쳐진다.

묵은 취나물과 견과류까지 넣어 영양을 더하면 꼭 약밥 같은 주먹밥이 된다.

{재료}

찹쌀 2컵

물 2컵

복분자 산딸기 청 1/2컵

참기름 1숟가락

소금 1/2숟가락

취나물 1줌

견과류 가루 2숟가락
(아몬드, 땅콩, 호두)

{양념장}

국간장 1숟가락

다진 마늘 1/2숟가락

소금 조금

들기름 1숟가락

1. 찹쌀과 물, 복분자 산딸기 청, 소금, 들기름을 넣어 찹쌀밥을 짓는다.

- 찹쌀밥 물은 찹쌀 상태에 따라 조금씩 달라진다.

2. 취나물은 충분히 물에 데쳐서 국간장, 들기름으로 무쳐 준다. 2~3분 볶다가 다진 마늘을 넣어 1분 정도 더 볶아준다.

- 묵은 나물은 먼저 무쳐서 볶아야 제맛이 난다.

3. 잘 지은 찹쌀밥에 잘게 썬 취나물과 견과류 가루를 넣어 골고루 비빈다.

4. 원하는 모양대로 만들어 도시락 통에 담는다.

- 이렇게 만든 복분자 산딸기 찹쌀 주먹밥은 냉동고에 보관해두고 구워 먹어도 맛있다.

녹두 누룽지 닭죽

찬밥이 남으면 누룽지를 만들어 냉동해놓고 필요할 때마다 꺼내 끓여 먹는다.

식후에 시원한 숭늉을 끓여 먹기도 하고, 죽을 만들 때 넣기도 한다.

닭죽을 만들 때 일반 맵쌀 대신 누룽지를 넣으니, 더 고소하고 맛있었다.

{재료}

닭 다리 6개

녹두 1/2컵

표고버섯 1/2컵

누룽지 2컵

대추 5알

도라지 반 줌

물 7컵

소금

{미리 준비}

찬밥으로 누룽지를
얇게 만들어놓는다.

1. 닭 다리와 대추, 도라지, 물을 넣고 50분 정도 중불로 삶는다. 닭 다리가 익는 동안 녹두를 반 정도 삶아둔다.

2. 뽀얀 육수가 나올 정도로 잘 삶아지면, 한 김 식힌 후 건더기를 건져 닭 다리 살만 발라낸다. 육수는 따로 받아 둔다.

3. 따로 받아둔 육수 3컵에 물 8컵을 추가해서 붓는다. 누룽지, 표고버섯, 녹두를 넣고 끓인다.

4. 끓으면 불을 줄여 중불에서 20~25분 더 끓여준다. 중간중간 바닥에 눋지 않도록 저어가며 끓여주는 것이 좋다.

• 완성된 닭죽이 조금 묽다 싶을 정도로 끓여야 나중에 시간이 지나면 걸쭉해진다. 금방 먹는 죽이면 식성에 따라 농도를 조절하면 된다.

북어 대파 죽

북어죽을 끓여 먹기 시작한지는 10년쯤 되었을까? 입덧으로 고생할 때 친정엄마가 북어
죽을 끓여주었던 적이 있다. 그때는 좋아하지도 않는 북어죽을 왜 끓여주나 속상하고
실망했었다. 이제는 왜 북어죽이었는지 안다. 무엇보다 가장 속이 편안한 죽이다. 남편은
장모님이 끓여준 북어 대파죽의 맛을 기억한다. 이 죽 한 그릇이면 그렇게 속이 편안하다
고 한다. 남편을 위해 가끔 대파 북어죽을 끓인다.

{재료}

북어 1줌

불린 찹쌀 1컵 반

대파 1뿌리

육수 7컵

참기름 1숟가락

국간장 1숟가락

소금 조금

{미리 준비}

육수는 다시마 육수,
채소 육수, 멸치 육수
다 좋다. 북어는
적당한 크기로 찢어
물에 한번 적셔 꼭
짜둔다. 대파는 채
썰어둔다. 찹쌀은
30분에서 1시간 불려
서 준비한다.

1. 북어와 찹쌀에 참기름 1숟가락을 넣고 볶는다.

- 쌀알이 투명해질 때까지 볶는다.

2. 볶다가 타기 쉬우므로 육수 1컵을 3~4회 나누어 저어가며 2분 정도 볶아준다.

- 이 과정에서 죽 맛이 결정된다.

3. 육수 6컵을 붓고 끓인다. 끓으면 중불로 15~20분 정도 끓인다. 완전히 끓을 동안 계속 저어주어야 바닥에 눋지 않는다.

4. 완성되기 직전에 대파를 넣고 국간장 1숟가락을 넣는다. 모자라는 간을 소금으로 한다. 완성된 북어 대파 죽은 약간 묽은 것이 좋다.

- 북어 대파 죽의 간은 소금 간보다는 국간장 간이 더 잘 어울린다.

단호박 고구마 죽

단호박과 고구마를 푹 삶고 거기에 견과류와 감말랭이를 더한 부드럽고 달콤한 건강 죽이다.

단호박과 고구마에 견과류를 더하니 고소한 맛이 일품이다.

호두 대신 다른 곡물을 넣어도 좋다. 단호박 고구마죽에 넣는 재료는 취향에 맞춰서 선택한다. 슈퍼 곡물로 인기가 좋은 아마씨, 햄프씨드, 렌틸콩 등을 넣어도 좋다.

{재료}

단호박 반 토막
고구마 반 토막
불린 찹쌀 1컵
호두 5알
감말랭이 조금
물 7컵
참기름 1숟가락
소금 조금

1. 단호박과 고구마에 물 3컵을 부어 중불에서 15분간 삶는다. 단호박과 고구마가 익으면 한 김 식혔다가 믹서에 곱게 간다.

1. 불린찹쌀은 참기름을 넣고 볶는다. 찹쌀을 볶으면서 물 1컵을 3~4회 나누어 넣어가며 볶는다.

- 찹쌀이 바닥에 눋지 않도록 물을 부어가며 볶는다.

3. 단호박과 고구마 간 것을 넣고 물 3컵을 추가해서 끓인다. 중불에서 10분 정도 끓인다.

- 저어가며 끓여야 바닥에 눋지 않는다.

4. 단호박고구마죽이 걸쭉해지면 마지막으로 감말랭이와 호두를 넣어 완성한다. 간은 소금간으로 하는 것이 좋다. 기호에 따라 설탕을 추가해도 좋다.

쇠고기 부추 죽

배탈이 나서 몸이 으슬으슬할 때 자주 끓였던 쇠고기 부추죽이다. 간의 채소라 불리는 부추는 속이 좋지 않을 때 소화를 돕는 최고의 식재료다. 여기에 쇠고기를 더해서 영양을 첨가하니 이만한 약이 따로 없다. 탈이 나 입이 까끌하고 제대로 소화하기 힘들 때 쇠고기 부추죽으로 몸을 챙긴다.

{재료}

찹쌀 2컵

쇠고기 100g

부추 1컵

육수 5컵

국간장 1숟가락

참기름 1숟가락

소금 조금

{미리 준비}

육수는 멸치 육수,

다시마 육수,

채소 육수 어느 것이든

좋다. 찹쌀은 1시간

이상 불린다. 쇠고기는

핏물을 제거하고

준비한다.

1 먼저 쇠고기부터 참기름과 국간장에 볶는다.

2 불린 찹쌀을 넣고 육수 1컵을 조금씩 넣어가며 볶는다.

3 육수 4컵을 부어 물 양을 잡는다. 끓으면 불을 줄여 저어가며 찹쌀이 익을 때까지 끓인다.

4 찹쌀이 퍼지면서 걸쭉해지면 소금으로 간한다. 부추는 불을 끄고 넣는 것이 좋다. 죽이 너무 되직하면 떡밥이 되기도 한다.

• 처음에는 묽다 싶어도 시간이 지나면 알맞은 농도로 변한다.

든든 도시락

제철에 나오는 재료와 채소를 위주로 똑같은 재료 다른 반찬을 만들어서 질리지 않게 건강 도시락을 준비해 왔다. 그날그날 컨디션에 따라 도시락을 준비했고 조금 가볍게 먹고 싶다는 날은 밥 대신 섬유질이 많은 고구마, 단호박, 감자, 삶은 달걀을 준비하기도 했다. 허리둘레가 고민된다고 할 때는 고기 대신 두부, 콩, 들깨로 좋은 단백질을 대신했고 채소 위주의 식단으로 남편의 건강 도시락을 준비했다.

박나물 도시락

불 앞에 서기도 힘든 폭염엔 도시락 반찬을 여러 가지 못한다. 박나물 지지고 동태 야채 전만 만들어 도시락을 완성해보자. 여기에 장아찌와 김치 밑반찬을 활용해 여름 도시락 만든다.

여름에는 호박과 박나물을 국대신 볶아 먹으면 좋다. 여름에는 무가 맛이 없다. 무에 단 맛이 오를 때부터 무가 맛이 없어질 때까지는 무를 이렇게 자작하게 볶아 국 대신 이용 하도록 한다. 단호박 밥에 국물이 자작한 박나물, 풋고추와 동태 야채전을 곁들인 여름 도시락이다.

박나물 볶음

{재료}

박채 800g

멸치 육수 2컵

들기름 1/2숟가락

다진 마늘 2/3숟가락

소금 2/3숟가락

1 손질된 박채를 냄비에 넣고 육수와 들기름 넣는다.

2 끓기 시작하면 뚜껑을 덮고 2~3분 정도 익힌다.

3 2분이 지나면 마늘 다진 것을 넣고 소금 간을 해서 5분 정도 더 익힌다.

- 5분은 살짝 씹히는 맛, 7분은 부드러운 맛이다.

4 국물이 자작한 박나물이 완성된다.

- 쇠고기를 채 썰어 볶은 다음 박을 같이 볶아도 좋다.

동태 야채전

{재료}

동태 살 200g
밀가루 3숟가락
달걀 2개
소금 1/3숟가락
후추 조금
참기름 1/2숟가락
청양 고추 2개
다진 마늘 1/2숟가락
다진 대파 1숟가락
다진 당근 1숟가락
다진 양파 1숟가락

1. 동태 살과 채소를 잘게 다져서 준비한다.
   - 다진 마늘이 들어가는 것이 포인트다.

2. 모든 재료에 밀가루, 달걀, 소금, 후추, 참기름을 넣고 반죽을 한다.
   - 물과 밀가루로 농도 조절을 한다. 떠서 뚝뚝 떨어지는 농도면 알맞다.

3. 열이 오른 프라이팬에 식용유를 두르고 한 숟가락씩 떠 놓는다.

4. 뒷면이 익을 때까지 기다려 뒤집어서 숟가락으로 꼭꼭 눌러 모양을 잡는다.
   - 동태 대신에 오징어와 새우를 추가하면 해물 동그랑땡이 된다.

우렁 장조림

{재료}

우렁 400g

조림장 500ml

육수 2컵

사천 고추 5개

마늘 10톨

대파 1뿌리

말린 생강 5조각

맛술 1숟가락

설탕 1숟가락

물엿 1숟가락

{TIP}

우렁을 데칠 때는
소금 약간에 청주
1숟가락을 넣고 데친다.

1 끓는 물에 청주와 소금을 약간 넣고 우렁을 넣었다 뺀다.

2 육수, 조림장, 사천 고추, 마늘, 생강, 대파, 설탕, 맛술을 넣고 장물을 만든다. 장물은 5분간 중불에서 끓인 다음 우렁을 넣어 1분만 끓인다.

- 우렁은 오래 익히면 줄어들고 질겨진다.

3 체에 우렁을 걸러낸다. 우렁을 걸러내고 남은 장물을 반 정도로 줄어들 때까지 끓인다.

4 다시 우렁을 넣고 물엿을 넣어 마무리한다.

호박나물 도시락

반찬으로 먹는 호박볶음이 아닌 자작한 국물에 밥을 비벼 먹는 호박나물이다. 달달한
호박 국물에 밥을 비비면 밥이 굴떡굴떡 넘어간다. 호박나물에 코다리 조림이 도시락 반
찬이라면 매일 반복되는 집밥 도시락도 반갑기만 하다.

호박나물

{재료}

둥근 호박 1개

양파 반 토막

멸치 육수 2컵

들기름 1/2숟가락

다진 마늘 1/2숟가락

국간장 1숟가락

소금 조금

{TIP}
국간장 대신 새우젓으
로 간을 하면 더 좋다.

1. 호박은 두께 0.3~0.4cm 정도로 부채꼴 모양으로 썬다. 냄비에 호박과 다진 마늘을 넣고 들기름 넣어 살짝 볶아준다.

2. 잘 볶아졌으면 육수를 붓고 1~2 분 센 불에서 볶는다. 숨이 죽으면 불을 줄여 중불에서 5분 더 끓인다. 간을 한다.

3. 호박이 익어 국물이 자작해지면 양파를 채 썰어 넣어준다. 소금으로 마무리 간한다.

4. 양파가 숨이 죽으면 실파를 두 개 정도 잘라서 넣는다.

- 이렇게 만든 호박볶음은 여름에 국 대신 정말 좋다.

코다리 조림

{재료}

코다리 300g

양파 조금

청홍 고추 1개씩

대파 1대

{양념장}

국간장 2숟가락

조림장 2숟가락

마늘 1숟가락

고운 고춧가루 2숟가락

고춧가루 2숟가락

고추기름 1숟가락

물엿 1숟가락

맛술 1숟가락

후추 조금

물 1컵

{미리 준비}

조림장에 단맛이 있어서
설탕은 생략했다.
조림장이 아닌 진간장을
쓴다면 설탕이나
매실액을 조금 넣는다.

1. 잘 말린 코다리에 국간장, 조림장, 다진 마늘, 고운 고춧가루, 고춧가루, 고추기름, 물엿, 맛술, 후추 양념을 해서 10분 정도 둔다.

2. 10분 후에 물 1컵을 붓는다. 불에 올리고 끓으면 불을 줄여서 중불에서 5분 정도 조려준다.

3. 코다리가 익고 양념이 자작해지면 양파, 고추, 대파, 마늘을 넣어 저어준다.

4. 센 불에서 김이 올라오면 불을 끄고 통깨를 뿌려 완성한다.

- 조림은 양념장이 자작하게 조려야 맛있다.

감자볶음

{재료}

감자 1개
청홍 고추 1개씩
양파 조금
소금 1/2숟가락
식용유 1숟가락 반
통깨 조금

1. 감자, 양파, 청홍 고추를 채 썰어 둔다.

2. 열이 오른 프라이팬에 기름을 두르고 감자부터 볶아준다.

3. 감자가 거의 다 익었으면 양파를 넣고 소금으로 간을 한다.

4. 마지막으로 불을 끄고 청홍 고추를 넣어 마무리한다. 통깨를 뿌리면 완성이다.

땅
콩
조
림

{재료}

삶은 땅콩 700g

조림장 1컵

물 2컵

설탕 1숟가락 반

물엿 2숟가락

1. 땅콩이 물에 잠길 정도로 물을 붓고 15분 삶아서 준비한다. 조림장, 물, 설탕을 넣고 간장물을 만든다.

2. 간장 물에 땅콩을 넣고 중불에서 15분 정도 조린다.

3. 간장 양념이 1/3 정도 줄어들 때까지 조린다.

4. 마지막으로 물엿과 통깨로 마무리한다.

나물밥 도시락

봄에 나오는 취나물을 데쳐 건조시킨 묵나물을 밥에 넣어 나물밥을 만든다. 고소한 달걀 장조림에 채소 반찬을 곁들인 채소 도시락은 점심 도시락으로 제격이다. 묵나물 밥은 잘 삶은 나물을 들기름에 조물조물 무쳐서 압력솥 위에 올려 간단하게 만들 수 있다. 바쁜 아침 시간에도 묵나물만 준비되어 있으면 어렵지 않게 나물밥 한 그릇이 만들어진다. 달걀 장조림과 미역 줄기 볶음은 밑반찬으로 준비해두면 요긴하다.

달
걀
장
조
림

{재료}

삶은 달걀 10개

조림장 1컵

물 2컵

청양 고추 2개

마늘 12톨

설탕 1숟가락

맛술 1숟가락

물엿 1숟가락

1 달걀은 끓는 물에 소금을 넣고 7~8분 삶는다. 삶은 후 찬물에 담가 껍질을 벗겨내서 준비한다.

- 노른자가 시퍼런 청록색이 되는 것은 끓기 전에 달걀을 넣었기 때문이다.

2 모든 재료를 넣어 끓인다.

3 끓으면 불을 줄여 중불에서 15분 조린다.

4 완성된 달걀 장조림은 일주일 도시락 반찬으로 요긴하다.

미역 줄기 볶음

{재료}

미역 줄기 2줌
양파 1/4토막
다진 마늘 1/2숟가락
소금 1/2숟가락
후추 조금
식용유 1숟가락
참기름 1숟가락
통깨 조금

1 염장된 미역 줄기는 소금을 씻어
내고 뜨거운 물에 30초 정도 데
쳐낸다.

- 이 과정에서 미역 줄기가 부드러
워지고 짠맛도 빠져나간다.

2 데쳐낸 미역 줄기는 찬물에 5분
정도 더 담가둔다. 나머지 짠맛
을 빼기 위함이다.

- 물에 오래 담가두면 미역 줄기가
물러진다.

3 열이 오른 프라이팬에 식용유
를 두르고 미역 줄기부터 1분 정
도 볶는다. 양파와 마늘을 넣고
볶으면서 소금과 후추로 간한다.

4 마지막으로 통깨와 참기름을 넣
으면 완성이다. 완전히 식힌 후
냉장 보관해서 도시락 반찬으로
이용한다.

아마씨 브로콜리 새송이버섯 볶음

{재료}
브로콜리 1개
새송이버섯 1개
아마씨 1숟가락
들기름 1숟가락
소금 2/3숟가락
참기름 조금
후추 조금

{TIP}
시간이 지나면 색이
변하니 그때그때 먹을
만큼만 만든다.

1 브로콜리는 끓는 물에 소금을 약
간 넣고 데친다. 새송이버섯은
한입 크기로 썰어둔다.

• 데칠 때 소금을 넣는 것은 선명한
색을 위해서다.

2 들기름 1숟가락을 넣고 브로콜리
와 새송이버섯을 넣어 센 불에서
1분 동안 볶는다.

3 새송이버섯이 익으면서 수분이
살짝 나온다. 아마씨를 넣고 골
고루 섞어준다.

4 소금, 후추로 간하고 참기름을 넣
어 마무리한다.

양념 쌈장
청경채 무침

{재료}

청경채 2줌
양념 쌈장 2숟가락
다진 마늘 1/2숟가락
다진 쪽파 1숟가락
물엿 1/2숟가락
참기름 1숟가락
통깨 조금

1 청경채는 잎을 한 장씩 떼내어 끓는 물에 소금을 약간 넣고 1분 간 데친다.

2 청경채에 양념 쌈장, 마늘, 쪽파, 물엿을 넣는다.

3 1차로 조물조물 무친다.

4 참기름과 통깨를 넣어 2차로 무쳐 완성한다.

들깨 비빔밥

고소한 들깻가루를 이용하여 들깨 장을 만들고 몇 가지 나물을 준비하는 날은 점심을 조금 든든하게 먹어야 하는 날이다. 일주일 도시락 중 수요일이나 목요일에 준비하면 좋다. 들깨 비빔밥에 어울리는 국물은 오징어국이면 개운하다. 반찬은 김치와 장아찌만 준비하자. 들깨 비빔밥은 주로 가을볕이 좋은 날 든든한 점심 도시락으로 좋다.

취나물
고사리나물
새송이버섯

{재료}
취나물(묵나물) 1줌
고사리 1줌
새송이버섯 2개
국간장 1숟가락
들기름 1숟가락
다진 마늘 1/2숟가락
소금 조금
후추 조금

{TIP}
나물 무침은 국간장과
소금으로 간을 하는
것이 좋다.

1. 취나물과 고사리는 데쳐서 부드럽게 준비한다. 굵은 마디가 있는 것은 잘라낸다. 새송이버섯은 삶아서 잘게 찢어 놓는다.

2. 새송이버섯에 들기름과 다진 마늘을 넣고 1분간 볶아준다. 소금과 후추로 간을 한다.

3. 고사리는 국간장을 넣고 먼저 무친다. 들기름을 넣고 1~2분 정도 볶아준 다음 다진 마늘을 넣고 2분 정도 볶아준다. 소금으로 마지막 간을 본다.

4. 취나물은 국간장으로 무친다. 들기름을 넣고 1~2분 볶다가 다진 마늘을 넣고 2분 정도 더 볶는다. 마지막으로 소금으로 간을 한다.

미나리와 숙주

{재료}
국간장 1/2숟가락
소금 조금
참기름 1숟가락
통깨 조금

{TIP}
나물은 심심하게
무쳐야 비빔밥이
맛있다.

1 미나리와 숙주는 끓는 물에 1분
  간 데치고 찬물에 2~3번 씻어서
  준비한다.

2 다진 파와 마늘, 국간장 1/2숟가
  락을 넣고 무친다.

3 소금과 참기름을 넣고 간을 맞
  춘다.

4 미나리는 알맞은 길이로 썰어 국
  간장, 소금, 참기름, 통깨를 넣고
  조물조물 무친다.

들깨장 만들기

{재료}
멸치 육수 1컵
들깻가루 1컵
국간장 3숟가락

1 멸치 육수에 들깻가루와 국간장을 넣는다.

2 주걱으로 잘 저어가며 중불에서 3~5분 정도 끓인다.

3 들깨 즙이 걸죽해지도록 끓여야 한다. 주걱으로 저으면서 눋지 않게 한다.

4 들깨 즙이 너무 빡빡하면 들깨 비빔밥이 맛이 없다. 죽이나 스프 정도의 농도면 알맞다.

고추장 구이 도라지

{재료}

통 도라지 5개
국간장 1/3숟가락
참기름 1숟가락

{양념장}

고추장 1숟가락
조림장 2숟가락
고운 고춧가루 1숟가락
굵은 고춧가루 1숟가락
다진 마늘 1숟가락
다진 파 1숟가락
고추기름 1숟가락
물엿 1숟가락 반
후추 조금
식용유 조금

{미리 준비}

양념장 재료를 모두 넣고
미리 양념장을
만들어둔다.

1. 통 도라지는 껍질을 까서 얇게 썰어 준비한다. 국간장과 참기름을 넣고 밑간해 10분 정도 둔다.

2. 열이 오른 프라이팬에 도라지를 애벌구이 한다. 기름은 두르지 않는다. 앞뒤로 1분 정도 구워주면 된다. 반 정도 익으면 알맞다.

3. 애벌구이 한 도라지가 한 김 식으면 고추장 양념에 골고루 무쳐준다.

4. 식용유를 약간 두르고 도라지를 타지 않게 구워준다.

- 도라지 고추장 구이는 환절기에 도시락 반찬으로 이용하면 감기에 도움이 많이 된다.

가오리 구이 도시락

점심시간이 행복한 까닭은 내 입맛에 맞는 맛있는 도시락 반찬 덕분이다. 좋아하는 가오리를 바싹 구워 간장 소스에 조리면 식어도 맛있는 가오리 구이가 된다. 가오리 구이에 곁들임 반찬으로 쇠고기 애호박전, 냉이 무침, 아몬드 멸치 볶음 마늘종 고추장 무침을 구성해보았다. 한여름에도 냉이 무침을 먹을 수 있는 건 봄에 냉이를 부지런히 냉동 보관해놓았기 때문이다.

가오리구이

{재료}

가오리 3토막

전분가루 3숟가락

맛기름 조금

통깨 조금

소금 1/3숟가락

참기름 1숟가락

후추 조금

{양념장}

조림장 4숟가락

설탕 2숟가락

물엿 1숟가락

1. 가오리 구이용으로는 냉동 가오리가 적당하다. 해동하여 깨끗이 씻는다. 적당한 크기로 잘라 소금, 참기름, 후추로 양념을 하여 10~20분 정도 재워둔다.

2. 조림장, 설탕, 물엿을 넣어 2분간 졸여 달짝지근한 간장 소스를 만들어둔다.

3. 열이 오른 프라이팬에 맛기름을 두르고 전분 옷을 입힌 가오리를 바싹 굽는다.

4. 가오리에 간장 소스를 붓으로 바른다. 통깨를 뿌려 완성한다.

쇠고기 애호박전

{재료}

애호박 1개

쇠고기 200g

밀가루 2숟가락

달걀 2개

식용유 조금

{양념장}

조림장 1숟가락

매실액 1/2숟가락

맛술 1/2숟가락

참기름 1숟가락

설탕 1/2숟가락

다진 마늘 1/2숟가락

다진 파 1/2숟가락

후추 조금

1. 애호박은 속을 파낸다

   - 병뚜껑을 이용하면 쉽게 구멍을 낼 수 있다.

2. 조림장, 설탕, 다진 마늘, 다진 파, 매실액, 맛술, 참기름, 후추로 쇠고기 양념을 하고 많이 치대어 준다.

   - 고기는 치대면 치댈수록 끈기가 생긴다.

3. 애호박에 밀가루 옷을 입히고 쇠고기를 채워 넣는다.

   - 속은 조금 부족하다 싶을 정도로 채운다. 고기는 익으면 부풀어 오른다.

4. 달걀을 풀어 체에 두 번 거르고 쇠고기를 넣은 애호박을 적셔 굽는다. 앞뒤로 노릇하게 구워내는데 쇠고기가 들어간 부분은 숟가락으로 꾹꾹 눌러준다.

잔멸치 볶음

{재료}
잔멸치 100g
아몬드 50g
설탕 1숟가락
물엿 1숟가락
마요네즈 1숟가락
참기름 1숟가락
식용유 1숟가락
통깨 조금

1 냉장고에 들어 있던 잔멸치는 아무것도 두르지 않은 팬에 바삭하게 볶아준다. 1분이면 충분하다.

- 이 과정에서 잔멸치의 잡냄새가 날아간다.

2 아몬드도 아무것도 두르지 않은 팬에 15초 정도 볶아준다.

3 손질한 잔멸치를 식용유에 한 번 볶고 아몬드를 추가한다.

4 불을 끄고 마요네즈와 설탕을 넣어 비빈다. 다 비벼졌으면 물엿을 넣고 불을 켠 뒤 한 번 휘리릭 볶는다. 참기름, 통깨를 뿌리면 완성이다.

냉
이
무
침

{재료}

냉이 1줌

된장 1숟가락

고추장 1/2숟가락

고춧가루 1/2숟가락

매실액 1/2숟가락

다진 파 1/2숟가락

다진 마늘 1/2숟가락

참기름 1숟가락

통깨 조금

1 봄에 냉동해두었던 냉이를 해동
한다.

2 된장, 고추장, 고춧가루, 매실액,
파, 마늘을 넣어 1차로 무친다.

3 2차로 참기름, 통깨를 넣어 마무
리한다.

고추장 닭 다리 스테이크 도시락

닭 다리 살을 구워 고추장 소스를 곁들인 고추장 닭 다리 스테이크를 만드는 날에는 밥
도 하얀 쌀밥을 담아본다. 매일 잡곡밥을 먹다가 오랜만에 먹는 하얀 쌀밥은 즐겁고 행
복한 기분이 들게 해준다. 하얀 쌀밥 위에 고추장 소스 닭 다리를 올리고 부드러운 감
자 오이 샐러드와 보리새우 볶음, 단무지 무침과 삭힌 고추김치를 몇 개 덤으로 넣어주
면 놀랄 만큼 풍부하고 맛있다. 고추김치, 감자 오이 샐러드, 고추장 소스, 보리새우 볶
음이 미리 준비되어 있으면 당일 아침에는 단무지를 무치고 닭 다리만 구워내면 된다.

닭다리살 스테이크

{재료}

닭 정육 2장
로즈메리 조금
허브솔트 조금

1 닭 정육에 로즈메리와 허브솔트로 밑간을 해서 30분~1시간 정도 둔다.

- 닭 정육의 잡냄새를 없애려면 우유에 30분 정도 담가두는 것이 좋다.

2 열이 오른 프라이팬에 닭 껍질 부분부터 먼저 굽는다.

3 닭 다리 살을 굽다보면 기름이 많이 나온다. 중간중간 기름을 닦아내고 뚜껑을 덮어 속까지 익도록 중불에서 4~5분 정도 굽는다.

4 노릇하게 닭 껍질이 바삭하게 구워지면 완성이다.

보리새우 볶음

{재료}

보리새우 250g
맛기름 2숟가락
고추장 1숟가락 반
케첩 2숟가락
조림장 2숟가락
고추기름 2숟가락
설탕 2숟가락
물엿 2숟가락
통깨 조금

1 보리새우는 마른 프라이팬에 먼저 까슬까슬하게 굽고, 맛기름에 한 번 더 볶아낸다.

2 고추장, 케첩, 조림장, 고추기름, 설탕, 물엿을 넣어 고추장 양념을 만들어 바글바글 끓여준다.

• 고추장 양념이 묽으면 안 된다. 걸쭉한 농도로 보리새우를 무쳐야 눅눅해지지 않는다.

3 고추장 양념에 볶은 보리새우를 넣어 무치고 통깨를 뿌리면 완성이다.

4 밀폐통에 담아 한 김 식힌 다음 뚜껑을 덮어 냉장고 보관해두고 도시락 반찬이나 밑반찬으로 활용하면 좋다.

감자 오이 샐러드

{재료}

감자 3개
물 2컵
소금 조금
오이 1개
식초 1숟가락
설탕 1숟가락
소금 1/2숟가락
마요네즈 3숟가락
설탕 1숟가락
후추 조금

{미리 준비}
오이는 속을 파내고
식초, 설탕, 소금을
넣고 10분 절인 다음
꼭 짜준다.

1. 감자는 껍질을 벗겨 토막 내어 소금을 넣고 삶는다. 끓으면 중불에서 7~8분 삶는다.

2. 감자가 완전히 익었으면 남아 있는 물은 버리고 센 불에서 뚜껑을 덮고 냄비를 흔들어준다. 이렇게 하면 분이 하얗게 나는 삶은 감자가 된다.

3. 으깬 감자에 절인 오이를 꼭 짜서 넣고 마요네즈, 설탕, 후추를 넣는다.

   • 감자는 뜨거울 때 으깨고 완전히 식힌 다음 오이와 양념을 넣는다.

4. 골고루 섞어주면 부드러운 감자 오이 샐러드가 완성된다.

삭힌 고추김치

{재료}

삭힌 고추 1kg

쪽파 조금

양파 조금

{양념장}

고춧가루 2컵

멸치 액젓 1/3컵

멸치 육젓 1/2컵

멸치 육수 1컵

과일 청 2/3컵

다진 마늘 2숟가락

다진 생강 2/3숟가락

물엿 3숟가락

통깨 조금

1 삭힌 고추를 시장에서 구매하거나 직접 고추를 삭힌다. 삭힌 고추가 짠맛이 강하면 찬물에 담가 두는 것이 좋다.

· 삭힌 고추는 가을 갈무리로 끝물 고추를 주로 이용한다.

2 삭힌 고추에 쪽파, 양파를 조금 더하고 만들어놓은 양념을 넣어 무친다.

3 양념이 골고루 무쳐지면 통깨를 뿌려 완성한다.

4 김치통에 담아 김치냉장고에 보관해두고 먹으면, 다 먹을 때까지 입맛이 도는 삭힌 고추김치다. 삭힌 고추김치의 양념은 젓갈이 진한 전라도식 양념이다.

날치알 찹쌀 주먹밥과
돼지 간장 수육 도시락

고기를 가장 건강하게 먹을 수 있는 방법이 수육이다. 나의 완소 요리 중 하나이기도 한

데, 우리 집에 오는 손님들이 가장 많이 기억하는 고기 요리도 돼지 간장 수육일 것이라

고 생각한다. 돼지 간장 수육을 도시락에 담는 날은 밥도 그냥 밥이 아닌 찹쌀로 지은

주먹밥을 만들고, 도시락 통도 예쁜 상자를 재활용하여 변화를 준다. 이런 식으로 매일

도시락에 신선한 감동을 준다.

돼지 간장 수육

{재료}

돼지고기 삼겹살 1500g

양파 껍질 반 줌

양파 1/4토막

대파 잎 반 줌

된장 1숟가락

말린 생강 5조각

월계수 잎 3장

통후추 10알

{양념장}

조림장 5숟가락

설탕 2숟가락

물엿 2숟가락

맛술 1숟가락

1. 돼지고기 삶을 때 넣을 양파 껍질, 양파, 대파 잎, 통후추, 월계수 잎, 된장, 말린 생강을 준비한다.

- 양파껍질은 깨끗한 것을 골라 씻은 다음 말려서 사용한다.

2. 돼지 간장 수육용 고기를 준비한다. 통 삼겹으로 준비했다. 잘 익을 수 있도록 손바닥 크기로 토막 내어 잘라둔다.

3. 냄비에 물을 넉넉히 붓고 돼지고기 삶을 때 넣는 재료들을 먼저 넣어서 끓여준다. 끓으면 불을 줄여 1시간 삶는다.

4. 1시간 후 돼지고기를 양념장에 조린다. 한 김 식혀 얇게 썰어서 도시락 통에 담는다.

양
파

김
치

{재료}

양파 큰 것 1개 반
쪽파 조금
소금 1숟가락

{양념장}

고춧가루 2컵
멸치 액젓 3숟가락
다진 마늘 1숟가락
매실 액 2숟가락
설탕 조금
통깨 조금

1 양파는 먹기 좋은 크기로 썰어 소금을 넣고 30분 동안 절인 다음. 찬물에 한두 번 씻어 물기를 빼준다.

2 절여진 양파에 쪽파와 고춧가루, 멸치 액젓, 마늘, 매실 액, 설탕, 통깨를 넣어 버무린다.

3 양파 김치는 많이 담가 먹는 김치는 아니다. 필요할 때마다 자주자주 담가 먹는다.

4 고추와 함께 마늘도 구워서 곁들인다. 묵은지는 들기름에 묻혀서 살짝 볶는다.

날치알
찹쌀 주먹밥

{재료}

찰쌀밥 2공기
날치알 1/2컵
묵은지 줄기 부분
햄 1숟가락
파프리카 1숟가락
참기름 1숟가락
소금 조금
검정깨 조금

1. 묵은지, 햄, 파프리카를 식용유에 볶아서 찹쌀밥에 넣고 비빈다.

   - 다시마 육수를 넣어 찹쌀밥을 지으면 그냥 먹어도 맛있다.

2. 다른 재료들이 골고루 비벼지면 날치알을 넣어 2차로 버무린다.

   - 날치알은 다른 재료가 한 김 식은 다음 넣는 것이 중요하다.

3. 참기름과 소금 약간을 넣어 간을 한다. 완성된 날치알 찹쌀 주먹밥은 한입 크기로 동글동글하게 만들어 도시락에 담는다.

닭 날개 구이 도시락

집밥 도시락이 매일 그 밥에 반찬이면 곤란하다. 아무리 맛있는 음식이어도 매일 먹으면
질리게 마련이다. 똑같은 두부전이라도 깻잎 한 장을 올리면 색다른 두부전이 되고, 새콤
하게 익은 묵은지에 어묵을 넣어 볶으면 입안에 군침이 가득해진다. 오븐에서 1차로 구워
소스에 구운 닭 날개 구이는 쫄깃쫄깃 식어도 맛있다. 들깻가루를 넣어 볶은 고구마 줄
기 볶음으로 영양을 담고 입에 착 달라붙는 쫄깃쫄깃 대구포 무침으로 부러움을 산다.

닭 날개 구이

{재료}
닭 날개 13개
허브솔트 1/2숟가락
자투리 채소

{양념장}
조림장 1숟가락 반
굴소스 2숟가락
물엿 1숟가락
맛술 1숟가락
참기름 1숟가락
후추 조금

1. 닭 날개는 칼집을 넣어 준비한다. 허브솔트로 밑간을 해둔다.

   - 닭 날개의 냄새를 제거하기 위해서 우유에 30분~1시간 정도 담가 두는 과정이 필요하다.

2. 자투리 채소를 바닥에 깔고 닭 날개를 올려 230도 오븐에서 30분간 굽는다.

   - 오븐 사양에 따라 온도와 시간이 달라진다.

3. 오븐에서 구운 닭 날개에 자투리 채소의 향이 밴다.

4. 조림장, 굴 소스, 물엿, 참기름, 후추를 넣고 달짝지근한 양념장을 만들어 놓는다. 프라이팬에 구운 닭 날개를 넣고 소스를 넣어 중불에서 뒤집어가며 굽는다.

대구포 껍질 볶음

{재료}

대구포 껍질 280g

청양 고추 2개

쪽파 조금

식용유 1숟가락

조림장 2숟가락

고춧가루 2숟가락

물엿 1숟가락

마늘 2/3숟가락

참기름 1숟가락

통깨 조금

1. 대구포 껍질은 먹기 좋게 가위로 잘라 아무것도 두르지 않은 팬에 30초~1분 동안 구워 잡냄새를 제거한다.

2. 식용유를 넣고 1분 정도 볶는다.

3. 조림장, 고춧가루, 물엿, 다진 마늘을 넣고 양념장을 만든다. 볶은 대구포 껍질에 쪽파와 청양 고추를 송송 썰어 넣고 양념장을 넣어 1차로 무친다.

4. 참기름과 통깨를 넣어 2차로 무친다.

들깨 범벅

고구마 줄기 볶음

{재료}

고구마 줄기 600g

들깻가루 1/2컵

들기름 1숟가락

멸치 육수 1/2컵

다진 마늘 1숟가락

멸치 액젓 2숟가락

소금 조금

1. 고구마 줄기의 껍질을 벗겨 뜨거운 물에 넣고 2~3분 삶는다.

2. 고구마 줄기를 적당한 길이로 썰어 들깻가루, 다진 마늘, 들기름, 액젓을 넣어준다.

3. 프라이팬에 1분 정도 볶는다.

4. 고구마 줄기에 멸치 육수를 붓고 고구마 줄기가 부드러워질 때까지 볶는다. 들깨즙이 자작해지면 소금으로 마무리 간을 해 완성한다.

묵은지 어묵 볶음

{재료}

묵은지 조금
사각 어묵 3장
쪽파 조금
고춧가루 1숟가락
다진 마늘 1숟가락
들기름 1숟가락
소금 조금
후추 조금

1. 어묵은 뜨거운 물에 살짝 넣었다 건져서 준비한다.

2. 들기름에 마늘을 넣고 향을 낸다. 마늘 향이 올라오면 묵은지, 고춧가루를 넣고 1분간 볶는다.

3. 어묵을 넣고 묵은지와 같이 볶는다. 여기서 묵은지 상태에 따라 간을 조절한다. 되도록이면 아무 간도 하지 않는 것이 좋다.

4. 어묵과 묵은지가 다 볶아지면 쪽파와 후추, 통깨를 뿌려 완성한다. 간이 모자라면 소금으로 조절한다.

고추장 반건조 장어구이 도시락

보양식 도시락이 필요할 때는 대구의 폭염에 기운이 쭉 빠지는 한여름이다. 일주일 도시락으로 치면 수요일과 목요일쯤이 된다. 기운 나게 하는 도시락 반찬으로는, 평소 좋아하는 먹거리로 맛있게 먹을 수 있으면서 건강에도 도움이 되는 재료를 구해본다. 꾸덕꾸덕하게 말린 반건조 장어를 고추장 양념에 발라 구운 고추장 반건조 장어구이와 묵은지에 오징어를 넣은 오징어 김치전, 부드럽고 향긋한 취나물 무침, 우엉 조림으로 구성된 도시락이다.

고추장
반건조 장어구이

{재료}

반건조 장어 2마리

소금 조금

참기름 조금

후추 조금

{고추장 양념}

고추장 3숟가락

고운 고춧가루 1숟가락

보통 고춧가루 1숟가락

조림장 5숟가락

물엿 2숟가락

맛술 1숟가락

다진 파 1숟가락

다진 마늘 1숟가락 반

생강 1/3숟가락

참기름 1숟가락

후추 조금

{TIP}

조림장에 조금 단맛이
있으니 양념장을 만들 때
너무 달아지지 않게
조심한다.

1. 반건조 장어를 깨끗이 씻어서 물기를 닦아 준비한다. 적당한 크기로 잘라서 소금, 후추, 참기름으로 밑간을 해서 10분~30분 정도 기다린다.

2. 프라이팬에 식용유를 약간 두르고 앞뒤로 노릇하게 구워준다.

- 장어 등 쪽으로 칼집을 넣어 구우면 오그라들지 않고 예쁜 모양으로 구울 수 있다.

3. 앞뒤로 노릇하게 구워진 장어를 한 김 식혔다가, 양념장 재료를 모두 넣고 만든 양념에 버무린다. 익은 장어는 쉽게 부서지므로 살살 무친다.

4. 식용유를 약간 두르고 장어를 프라이팬에 굽는다. 장어는 익었으므로 고추장 양념만 불 맛을 보면 된다. 마지막으로 통깨를 뿌려주면 완성이다.

우엉조림

{재료}

우엉 400g

물 6컵

식초 1숟가락

소금 1/2숟가락

{양념장}

조림장 10숟가락

맛술 2숟가락

설탕 2숟가락

물엿 1숟가락 반

다진 마늘 1숟가락

식용유 1숟가락

통깨 조금

{TIP}

밑반찬으로 만들어두면
도시락 싸기가
수월하다.

1 우엉은 어슷 썰어서 식초, 소금, 물을 넣고 7~8분 정도 데친다.

- 우엉 특유의 쓴맛과 아린 맛을 없애기 위해 물에 담가 놓아야 한다.

2 데친 우엉은 물기를 빼고 볶음팬에 식용유, 다진 마늘을 넣고 마늘 향이 올라오도록 살짝 볶는다.

- 마늘을 나중에 넣는 것보다 우엉과 함께 볶는 것이 더욱 맛있다.

3 조림장, 설탕, 맛술을 넣어 간장 양념을 해 중불에서 5분 정도 조린다. 간장 양념이 자작해질 때 물엿을 넣어 마무리한다.

- 물엿을 넣고 센 불에서 1분간 더 조린다.

4 통깨를 뿌려 완성한다. 마지막에 참기름을 넣어도 좋다.

삼겹살 대파 꼬치 도시락

아침부터 집안에 대파 향이 그윽한 날은 어김없이 대파 삼겹살 구이가 도시락 반찬에 들어가는 날이다. 맛있는 냄새로 시작한 아침에는 각자의 위치로 가는 발걸음이 행복하다. 밥이 힘이 되고 위로가 되는 그런 도시락이다.

대
파

삼
겹
살

꼬
치

{재료}

삼겹살 500g

대파 3개

맛기름 조금

{양념장}

고추장 2숟가락

케챱 2숟가락

조림장 2숟가락

스테이크 소스 1숟가락

물엿 2숟가락

맛술 1숟가락

설탕 1숟가락

참기름 1숟가락

후추 조금

1 삼겹살은 끓는 물에 소금과 소주를 넣어 살짝 데친다. 겉이 하얗게 변하면 꺼낸다. 대파와 삼겹살 길이를 최대한 맞추어 번갈아 꼬치에 끼운다.

▼

2 양념장 재료를 모두 넣어 고추장 양념을 만든다.

▼

3 기름을 두르지 않은 프라이팬에 1~2분 앞뒤로 구워준다. 이렇게 하면 대파 향이 삼겹살에 배어 그냥 먹어도 맛이 좋다.

▼

4 구워진 대파 삼겹살 꼬치에 고추장 소스를 발라 중불에서 1분 정도 굽는다.

연근 조림

{재료}

연근 450g
물 5컵
식초 1숟가락
소금 조금

{양념장}

조림장 10숟가락
설탕 2숟가락
물엿 1숟가락
다진 마늘 1숟가락
식용유 1숟가락
통깨 조금
물 1컵 반

1 연근은 껍질을 벗겨 0.2~0.3cm 두께로 썰어 물, 식초, 소금을 넣고 10분간 데친다. 끓으면 불을 줄여 중불에서 삶는다.

2 데친 연근은 찬물에 두어 번 씻은 후 물기를 제거하고 다진 마늘, 식용유를 넣어 마늘 향이 올라오도록 잠시 볶는다.

• 마늘을 미리 넣어 향을 낸 다음 간장 양념을 하는 것이 맛이 더 좋다

3 조림장, 설탕, 물을 넣어 중불에서 5분 조리고 센불에서 5분 더 조린다.

4 바닥에 간장 양념이 자작하게 돌도록 조려야 다 먹을 때까지 연근이 마르지 않는다. 거의 다 조려졌으면 물엿과 통깨로 마무리한다.

꼬지전 만들기

{재료}

햄 1/2토막
크래미 3개
쪽파 조금
달걀 1개
밀가루 1/2컵
식용유 조금

1 햄과 크래미, 쪽파를 번갈아 꼬치에 끼운다.

- 꼬치 재료는 햄이 아닌 버섯으로 대체해도 좋다.

2 꼬치에 밀가루 옷을 입혀서 털어낸다.

- 밀가루가 많이 묻으면 기름을 많이 먹어 꼬치전이 느끼하다.

3 달걀에 소금을 약간 넣어 풀고, 꼬치에 달걀 물을 입힌다.

4 열이 오른 프라이팬에 꼬치전을 올린 다음, 중불에서 앞뒤로 노릇하게 구워준다.

- 전요리를 할 때는 프라이팬을 예열한 후에 내용물을 올려야 달라붙지 않는다.

오
이
지
무
침

{재료}

오이지 5개
청홍 고추 1개씩
고춧가루 1/2숟가락
다진 마늘 1/2숟가락
매실 액 1숟가락
참기름 1숟가락
통깨 조금

1 오이지를 준비한다.

2 오이지는 얄팍하게 썰어 찬물에 10분 정도 담가서 짠맛을 우려낸다.

3 찬물에 담근 오이지는 면포에 꼭 짜서 준비해두고 다진 마늘, 청홍 고추, 매실 액, 고춧가루를 넣어 무친다.

4 간을 보아 모자라는 간은 소금으로 추가하고, 부족한 단맛과 신맛은 설탕이나 물엿, 식초로 보충한다.

쇠고기 찹쌀 구이 조림 도시락

남편이 유독 피곤해하는 주기가 있다. 그런 날에는 도시락에도 소리없이 정성을 다한다. 고기를 과하지 않게 먹는 방법으로 쇠고기 찹쌀 구이 조림을 만들었고 반찬으로 우엉 김치와 김 무침 쪽파 강회를 담았다. 남은 크래미에 달걀 물을 입혀 구운 크래미전은 보너스!

쇠고기 찹쌀 구이 조림은 쇠고기를 해동시키는 과정에서 고기가 찢어져, 생각했던 본 메뉴를 버리고 즉석에서 만들어낸 대체 요리였는데, 이제는 우리 가족이 좋아하는 인기 반찬이 되었다. 아삭아삭 씹는 맛이 매력적인 우엉 김치는 친정에서 명절에 만들어 먹던 김치다. 쌉싸름한 우엉을 살짝 데쳐 아린 맛을 제거하고 꼬들꼬들하게 절인 무에 김치 양념을 하면 도시락 반찬으로 한동안 걱정이 없었다. 우엉 김치는 넉넉히 많이 담아 먹는 김치는 아니다. 식구 수에 따라 일주일 정도 냉장고에 넣어 두고 먹는 반찬으로 이용하면 좋다.

찹쌀 구이 조림 쇠고기

{재료}
쇠고기 불고기용 450g
찹쌀가루 1컵
맛기름 2숟가락
소금 1/3숟가락
참기름 1숟가락
후추 조금

{양념장}
조림장 6숟가락
다진 마늘 1숟가락
생강가루 1/3숟가락
설탕 1숟가락
꿀 2숟가락

{TIP}
꿀 대신 물엿, 올리고당,
조청을 넣어도 좋다

1 쇠고기의 핏물을 제거하고 소금, 참기름, 후추로 밑간을 해 10~20분 정도 둔다. 쇠고기에 찹쌀가루를 골고루 묻힌다.

· 비닐팩을 이용해 묻히면 쉽게 할 수 있다.

2 열이 오른 프라이팬에 맛기름을 두르고 쇠고기 찹쌀 구이를 볶듯이 구워낸다. 중불에서 바싹 굽는다.

· 이렇게 구운 쇠고기는 처음에는 바삭하다가 식으면 쫀득쫀득해진다.

3 조림장, 다진 마늘, 생강가루, 설탕을 넣어 조림 양념을 만든다. 이때 마늘은 조금 입자가 크게 다진다. 조림 양념을 바글바글 끓인다.
· 꿀은 나중에 넣는다.

4 양념장이 끓으면 구운 쇠고기를 넣어 간장 양념이 골고루 베이도록 섞어준다. 이때 꿀을 넣는다. 마지막으로 쪽파와 아마씨를 뿌리면 완성이다.

우엉 김치

{재료}

우엉 350g
무 900g
쪽파 조금
식초 1숟가락
소금 조금

{무 절이기}

소금 1숟가락 반
설탕 2숟가락
물엿 2숟가락

{양념장}

고춧가루 2/3컵
멸치 액젓 5숟가락
매실 액 3숟가락
설탕 1숟가락
사과즙 반 컵
다진 마늘 1숟가락 반
생강 1/3숟가락
통깨 조금

1. 우엉은 두께 0.3cm, 길이 5cm 정도로 썰어 식초와 소금을 조금 넣어 5분간 데친다. 무는 우엉과 같은 길이로 맞추어 소금, 설탕, 물엿을 넣어 1시간 정도 절인다.

2. 데친 우엉은 소쿠리에 건져두고 무는 찬물에 한두 번 씻어 꼭 짜지 말고 손으로 지그시 누른다.

- 여름 무김치 담글 때 이 방법을 쓰면 좋다.

3. 양념장 재료를 모두 넣고 양념을 만든다. 재료를 모두 넣고 양념을 골고루 무친다.

- 보통 김치 양념보다 조금 빡빡하게 느껴진다.

4. 통깨를 뿌려 완성한다.

김 쪽파 무침

{재료}

생김 10장

쪽파 1줌

홍고추 1개

국간장 1숟가락

다진 마늘 1/2숟가락

식용유 1숟가락 반

참기름 1숟가락

소금 조금

통깨 조금

1. 김을 적당한 크기로 잘라 아무것도 두르지 않은 팬에 굽는다.

- 이때 불을 약하게 해서 김이 타지 않게 굽는다.

2. 오래 보관되어 있던 눅눅한 김이 바삭하게 변한다.

3. 약한 불에 식용유를 넣어 골고루 김을 볶는다. 볶은 김에 쪽파, 홍고추, 마늘, 국간장을 넣어준다.

4. 조물조물 무치면 김의 숨이 죽는다. 참기름, 소금, 통깨를 넣어 마무리한다.

- 식용유에 한번 볶은 다음 무치면 며칠이 지나도 맛있게 먹을 수 있다.

쪽파 강회

{재료}
오징어 1마리
쪽파 조금
크래미 4개

1. 쪽파와 오징어를 잘 씻어서 준비한다.

2. 끓는 물에 소금을 약간 넣고 쪽파부터 데친다. 쪽파는 넣자마자 바로 건져야 초록색이 선명하게 유지된다.

3. 쪽파를 건지고 오징어를 데친다. 1분 정도 데치면 잘 익는다.

4. 오징어와 크래미를 쪽파 굵기에 맞추어 썰어둔다. 쪽파를 다른 재료 길이에 맞추어 두 번 접은 다음 쪽파 끝으로 전체를 감싼다.

• 초고추장을 곁들이면 훌륭한 반찬이 된다.

전복 볶음과
문어 양념 구이

예전에는 귀했던 전복과 문어를 요즘은 쉽게 구할 수 있어서 도시락에도 넣을 수 있다.
폭염이 지나고 초가을 문턱에 들어서면 잦은 감기와 몸살이 나기 쉽다. 내장까지 넣어 만
든 전복 볶음과 매콤한 문어 양념 구이, 그리고 경상도 사람들이 즐겨먹는 콩잎 김치와
참나물 무침을 담아 가을 보양식 도시락으로 준비한다. 경상도에서 즐겨 먹는 콩잎 김치
는 단풍이 든 콩잎을 소금에 삭혀서 부드럽게 데친 후 양념장을 발라 먹는 김치다. 김장
담그고 남은 양념으로 많이 만들어 먹던 콩잎 김치는 추억의 음식으로 지금까지도 즐겨
먹는다.

전복 볶음

{재료}

전복 4마리

표고버섯 2개

양파 1/4토막

쪽파 조금

파프리카 조금

굴소스 1/2숟가락

소금 조금

다진 마늘 1숟가락

맛기름 1숟가락 반

맛술 1숟가락

참기름 2/3숟가락

후추 조금

{미리 준비}

전복 손질할 때는
솔로 박박 문질러 씻고,
숟가락을 밀어 넣어서
전복 살을 분리한다.
전복 이빨은 꼭
제거한다.

1. 전복은 내장과 껍질을 분리해서 0.3~0.4cm 두께로 썰어둔다. 전복 내장을 가위로 잘라 준비한다. 표고버섯, 쪽파, 파프리카, 양파를 길이를 맞추어 썰어둔다.

2. 열이 오른 프라이팬에 맛기름을 두르고 다진 마늘을 넣어 향을 낸다.

3. 마늘 향이 올라오면 전복 내장과 표고버섯, 양파를 넣어 1분 정도 볶는다.

4. 전복 살을 넣고 굴 소스, 맛술을 넣어 1분 정도 볶는다. 파프리카와 쪽파를 넣고 소금과 참기름을 넣어 완성한다.

• 전복은 오래 볶으면 질겨진다.

문어 양념구이

{재료}
문어 1kg
밀가루 2숟가락
소금 1/3숟가락

{양념장}
조림장 2숟가락
고춧가루 1숟가락
고추장 1숟가락
고추기름 1숟가락
물엿 1숟가락
설탕 1/2숟가락
맛술 1숟가락
다진 마늘 1/2숟가락
생강 청 조금

{미리 준비}
문어는 너무 크지 않은
돌문어로 준비한다.

1. 문어에 묻어 있는 불순물을 없애기 위해 밀가루를 넣어 박박 주물러 준다. 찬물에 3~4번 씻어 헹구면 문어 세척 완료다.

2. 소금 약간을 넣어 문어를 무친다. 물 없이 불을 켜고 끓으면 중불로 줄여 5분간 삶은 다음 뒤집는다. 뒤집어서 1~2분 정도 두었다가 불을 끄고 문어를 건져내 찬물에 씻어 둔다.

3. 문어 다리를 몇 개 떼어내 꼬치에 끼운다. 양념장 재료를 모두 넣어 양념장을 만든다.

4. 문어에 양념을 발라 앞뒤로 양념만 익도록 굽는다. 문어 주변의 양념을 닦아가면서 구우면 양념이 흐르지 않는다.

- 양념 문어를 오랜 시간 구우면 질겨지니 주의한다.

콩잎 김치

{재료}

멸치 육수 1컵

고춧가루 1컵

멸치 액젓 1/2컵

과일 청 1/2컵

물엿 2숟가락

다진 마늘 2숟가락

생강 청 1/3숟가락

쪽파 5개

청홍 고추 1개씩

사과 반 쪽

통깨 조금

{TIP}

콩잎 김치 양념은
보통 김치 양념보다
묽고 약간 달게
만들면 맛있다.

1 소금물에 삭힌 콩잎은 찬물에 여러 번 헹구어 물기를 뺀다.

· 삭힌 콩잎은 군내가 아주 많이 난다. 이 냄새 때문에 상했다고 오해를 받기도 한다. 콩잎 김치는 군내를 잡는 것이 제일 중요하다.

2 콩잎이 푹 잠기도록 넉넉한 물을 붓고 끓으면 불을 줄여 2시간 삶는다. 부드럽게 삶은 콩잎은 찬물에서 물을 갈아주면서 또다시 반나절을 담가둔다.

3 멸치 육수, 고춧가루, 멸치 액젓, 과일 청, 생강 청에 마늘, 사과를 갈아 넣고 쪽파, 청홍 고추, 물엿, 통깨를 넣어 간을 본다.

4 손질된 콩잎은 물기를 꼭 짜서 2장씩 겹쳐 양념을 바른다.

참나물 무침

{재료}
참나물 1줌
국간장 1/3숟가락
매실액 1/2숟가락
소금 조금
깨소금 1/2숟가락
참기름 1/2숟가락

{TIP}
향이 나는 나물에는
마늘을 넣지 않아도
좋다.

1. 참나물은 끓는 물에 1분 정도 삶은 뒤 찬물에 여러 번 씻어서 준비한다.

2. 적당한 길이로 썬 참나물에 국간장, 매실액을 넣고 1차로 무친다.

3. 깨소금, 소금, 참기름을 넣고 2차로 무쳐 완성한다.

제육볶음 도시락

고추장 소스에 볶아 먹는 제육볶음은 도시락 반찬으로도 인기다. 제육볶음용 고기로
기름이 많은 부위를 이용할 때는 뜨거운 물에 한번 데쳐서 양념을 하면 식어도 맛있는
고기반찬이 된다. 고구마와 단호박을 쪄서 만든 부드러운 고구마 단호박 샐러드를 곁들
여 영양을 더해보았다.

고구마와 단호박은 쪄서 감말랭이와 건포도를 넣어 씹는 맛을 더했다. 다양한 견과류를
추가해도 영양 만점 고구마 단호박 샐러드가 된다. 이렇게 만든 고구마 단호박 샐러드는
샌드위치 속으로도 응용할 수 있다.

제육볶음

{재료}

돼지고기 등심 500g

쪽파 조금

통깨 조금

{양념장}

고추장 3숟가락

고운 고춧가루 3숟가락

조림장 3숟가락

다진 마늘 2숟가락

다진 생강 2/3숟가락

설탕 3숟가락

매실액 2숟가락

맛술 1숟가락

참기름 1숟가락

후추 조금

1. 돼지고기는 기름기가 적은 부위를 택해서 준비한다.

- 삼겹살이라면 뜨거운 물에 살짝 데쳐서 준비한다.

2. 양념장을 만들어 고추장 양념이 고기에 골고루 배도록 주물러 준다.

- 넉넉하게 양념한 고기는 한 번 먹을 만큼 소분해서 냉동고에 보관해두고 먹으면 좋다.

3. 한 번 먹을 만큼의 양념 고기를 열이 오른 프라이팬에 볶는다.

- 제육볶음에 야채가 들어있다면 잘 타지 않지만 기름기가 적은 부위의 고기라면 잘 타므로 기름보다는 물을 1~2숟가락 추가하는 것이 좋다.

4. 타지 않게 저어가며 볶는다. 다 볶아졌으면 쪽파와 통깨를 뿌린다.

단호박 고구마 샐러드

{재료}

단호박 1통

고구마 1개

맛살 3줄

감말랭이 1/2컵

건포도 1/3컵

오이 1개

소금 1/3숟가락

설탕 1숟가락

식초 1숟가락

마요네즈 2숟가락

설탕 1/2숟가락

1. 고구마와 단호박은 중불에서 찜기에 7~8분 쪄낸다. 단호박이 먼저 익기 때문에 중간에 확인하고 익었으면 먼저 꺼낸다.

2. 오이의 반을 갈라 속을 파내고 잘게 썰어 소금, 설탕, 식초에 10분 절여서 꼭 짜둔다

3. 고구마와 단호박은 한 김 나간 후에 으깨어 놓는다. 고구마와 단호박 으깬 것에 맛살, 감말랭이, 오이 절임, 건포도를 넣는다. 마요네즈에 설탕을 넣어 만든 마요네즈 소스도 넣는다.

4. 골고루 섞이도록 저어준다.

• 고구마와 단호박이 완전히 식은 다음 마요네즈 소스를 넣도록 한다. 뜨거울 때 넣으면 마요네즈가 녹는다.

두부 베이컨 말이

{재료}

두부 반 모
베이컨 6장

1 두부는 수분을 제거하고 베이컨은 반 잘라 준비한다.

2 막대 모양으로 썬 두부에 베이컨을 돌돌 만다.

3 열이 오른 프라이팬에 이음새가 있는 부분이 아래쪽으로 가게 해서 돌려가며 구워주면 베이컨이 풀어지지 않는다.

오이참외무침

{재료}

오이 2개

단무지 반 토막

참외 반 토막

고춧가루 1/2숟가락

소금 조금

다진 마늘 1/3숟가락

다진 쪽파 1/2숟가락

참기름 1숟가락

통깨 조금

{TIP}

팩에서 꺼낸 단무지는
물에 한두 번 씻어서
사용한다.

▼

▼

1. 오이는 속을 파내고 막대 모양으로 썰어 소금에 10분 절인 다음 꼭 짜둔다. 참외는 속을 파내고 하얀 부분만 오이와 같은 모양으로 썰고 단무지도 같이 준비한다.

2. 오이 절임, 단무지, 참외에 약간의 소금과 고춧가루, 다진 마늘, 다진 쪽파를 넣고 1차로 무친다.

3. 참기름과 통깨를 넣고 2차로 무친다.

햄버그 스테이크 도시락

서양식이 입맛에 맞지 않는 도시락 주인공은, 아이들이 좋아하는 햄버그 스테이크도 좋
아하지 않았다. 어릴 때부터 자주 먹어보지 못한 서양 소스가 입맛에 맞지 않았던 것이다.
소스에 적응하지 못한 입맛에 맞추기 위해 시행착오를 거듭하며 적지 않게 만들어 보았
던 햄버거 스테이크. 이제는 가족 모두 햄버그 스테이크를 좋아하게 되었다.
햄버그 스테이크와 곤약 샐러드, 무 장아찌 무침과 배추김치를 송송 썰어 담았다. 동치미를
구덕구덕하게 말려 진간장, 국간장, 액젓을 넣어 담은 무 장아찌와 햄버그가 잘 어울린다.

고기 패티 만들기

{재료}

쇠고기 간 것 650g

돼지고기 간 것 400g

백일송이 버섯 조금

양파 1/4토막

{1차 양념}

소금 1/2숟가락

설탕 2숟가락

매실 액 1숟가락

마늘가루 1/2숟가락

생강가루 1/3숟가락

맛술 1숟가락

참기름 1숟가락

후추 조금

{2차 양념}

빵가루 1컵

달걀 1개

양파 반 개 볶은 것

{TIP}

고기 패티와 소스는
넉넉하게 만들어두고
사용하면 편리하다.

1. 햄버거용 고기 쇠고기와 돼지고기 간 것에 소금, 매실액, 마늘가루, 생강가루, 맛술, 참기름을 넣어 1차로 치댄다. 치대면 치댈수록 고기가 끈기가 생긴다.

2. 빵가루, 달걀, 양파 볶은 것을 넣고 2차로 치댄다.

3. 원하는 모양으로 고기 패티를 만든다.

- 비닐 랩 모서리를 이용하여 모양을 만들면 손에 묻히지 않고 잘 만들 수 있다.

4. 완성된 고기 패티는 넉넉하게 만들어 냉동 보관해두고 먹으면 요긴하다.

- 떡갈비, 완자 등 다양한 요리에 응용이 가능해서 많이 만들어두면 요긴하게 쓰인다.

고기 패티 보관법

1 비닐 랩 한 장을 바닥에 깔고 고기 패티 4장을 올린다.

2 비닐 랩을 접어 고기 패티 2장을 덮는다.

3 다시 반을 접는다.

4 방향을 바꾸어 2개씩 포갠다.

• 이렇게 비닐 랩을 이용하여 냉동고에 보관하면 바로 꺼내도 잘 떨어져 편하다.

소스 만들기

{재료}

조림장 5숟가락

케첩 5숟가락

스테이크 소스 3숟가락

설탕 1숟가락

물엿 2숟가락

맛술 3숟가락

버터 조금

1 조림장, 케첩, 스테이크 소스, 맛술, 설탕, 물엿을 넣고 끓인다.

2 소스가 바글바글 끓으면 버터를 넣는다.

· 버터를 넣으면 풍미가 좋아진다.

3 버터가 녹으면 타지 않게 불을 줄여 1~2분간 더 끓인다.

햄버거 스테이크
고기 굽기

{재료}
소금 조금
식용유 조금

1 열이 오른 프라이팬에 식용유를 조금 두르고 패티를 올려 2~3분 정도 굽는다.

2 한 면이 노릇하게 구워지면 뚜껑을 덮고 속까지 익도록 약불로 3분 정도 구워낸다.

3 식용유에 양파, 백일송이 버섯, 볶은 것과 만들어둔 소스를 넣어 조린다.

4 고기에 소스가 스며들도록 불을 줄여 1~2분간 조린다.

무장아찌 무침

{재료}

무 장아찌 1토막
다진 마늘 1/2숟가락
다진 쪽파 1/2숟가락
고춧가루 1/2숟가락
매실 액 1숟가락
참기름 1숟가락
통깨 조금

▼

▼

1 채 썬 무장아찌를 30분 정도 물에 담가 짠맛을 빼준다.

2 물기를 짜고 다진 마늘, 다진 쪽파 ,매실 액, 고춧가루를 넣고 1차로 무친다.

3 간을 보고 참기름과 통깨를 넣어 2차로 무친다.

파래 곤약 샐러드

{재료}
파래 곤약 반 줌
사과 조금
새싹 채소 조금
치커리 조금

{마요네즈 소스}
마요네즈 2숟가락
고추냉이 2/3숟가락
설탕 1/2숟가락
식초 1숟가락

1 파래 곤약은 끓는 물에 한번 데쳐서 물기를 빼고 준비한다. 사과는 얇게 썰고 치커리도 사과 길이에 맞추어 잘라둔다. 새싹 채소는 잘 씻어서 물기를 빼고 준비한다.

2 마요네즈, 고추냉이, 설탕, 식초를 넣어 소스를 만든다.

• 식성에 따라 고추냉이는 빼도 좋다.

3 준비된 샐러드 채소에 소스를 넣어 골고루 무친다.

스페셜 도시락

아내의 밥이 제일 맛있다고 하는 남편과 엄마가 만들어
주는 간식이 최고라는 아이들을 위해 난 매일 앞치마를
두른다. 가족 소풍, 생일 또는 감사 인사를 해야 할 일이
있을 때, 맛있는 음식으로 보답하는 것을 잊지 않는다.
덕분에 아이들은 스스로 사랑받고 있다는 생각을 하게
되었고, 늘 행복하다고 말한다. 나는 이 축복을 오래도
록 간직하기 위해 오늘도 앞치마를 두르고 맛있는 밥을
만든다. 스페셜 도시락은 그런 가족의 행복을 기념하는
특별한 도시락이다.

가족 소풍 도시락

가족 소풍을 가기로 한 날에는 전날 저녁부터 몸도 마음도 바쁘다. 엄마가 만들어준 게 제일이라는 아이들을 위해서 새벽부터 분주하다. 치킨 집보다 더 맛있는 간장 치킨과 아이들이 좋아하는 감자 샐러드 샌드위치를 만들었다.

소풍엔 뭐니 뭐니 해도 김밥이다. 꼬마 김밥에 누드 김밥까지 다양하게 챙긴다. 아빠를 위한 도루묵 강정도 빠질 수 없다. 모두가 만족하는 도시락이 되도록 한다. 감자 샐러드 샌드위치는 차 안에서 동이 나지만, 넉넉하고 풍성한 가족 소풍이 된다. 가족 소풍 도시락은 사랑하는 가족을 위해 엄마가 준비하는 선물이다.

우엉조림

{재료}

우엉 데친 것 2줌
조림장 5숟가락
설탕 1숟가락
물 3숟가락
식용유 1숟가락
물엿 1숟가락

▽1 우엉은 흙 묻은 우엉을 구입해서 깨끗이 손질한다. 껍질을 벗겨 채 썰어서 끓는 물에 소금 약간 과 식초를 넣어 5분 정도 삶아서 찬물에 헹구어 건져 놓는다.

▽2 조림장, 설탕, 식용유, 물 3숟가 락을 중불에서 2~3분 조린다.

▽3 우엉에 간장 양념이 스며 들었으 면 물엿을 넣어 마무리한다.

김밥용 달걀
부치기

{재료}
달걀 5개
소금 1/2숟가락
맛술 1/2숟가락
식용유 조금

1. 달걀은 소금과 맛술을 넣어 풀고 체에 걸러 준비한다.

2. 달걀말이 팬에 넓게 달걀 물을 부어준다.

3. 앞쪽 부분을 반으로 접은 다음 나머지 빈 공간에 달걀 물을 다시 채운다.

4. 다시 한 번 반으로 접으면 김밥용 달걀말이가 두툼하게 만들어진다.

오
이
절
임

{재료}
오이 2개
소금 1/2숟가락
참기름 조금

1 오이는 속을 파내고 굵은 채를 썰어서 소금을 넣어 10분간 절인다. 절인 다음 수분을 꼭 짠다.

2 참기름을 약간 두르고 센 불에서 30초 볶는다. 오이가 익으면 투명해진다.

3 볶은 오이는 넓은 접시에 펼쳐서 식혀야 색감이 유지된다.

1 어묵은 채 썰어 식용유에 소금으로 간하여 볶는다.

2 햄은 굵게 채 썰어 기름을 두르지 않고 그냥 볶는다.

3 당근은 채를 썰어 식용유를 두르고 소금 간을 살짝 해 1분간 볶는다.

4 보통 밥보다 물의 양을 조금 적게 잡아 다시마 1장, 식용유 1숟가락, 소금 1/2숟가락을 넣고 밥을 한다. 고슬고슬한 밥에 통깨만 섞어 김밥용 밥을 준비해둔다.

{재료}

김 조금

우엉조림

어묵

햄

당근

달걀말이

오이 절임

김밥용 밥

1 김밥용 김을 4등분 하여 거친 부분이 앞으로 오게 두고 밥을 잘 편다. 김밥 끝을 조금 남겨주고 밥을 펴는 것이 요령이다.

2 재료들을 조금씩 올려서 앞쪽에서부터 말아주면 된다. 꼬마 김밥에 참기름과 통깨를 발라준다.

3 김발 위에 종이 포일을 깔고 김밥용 김의 거칠한 면이 앞으로 오게 해서 밥을 골고루 끝까지 채워준다.

4 김을 뒤집은 다음 김밥 속을 넣어 말면 된다. 김발을 이용해 단단하게 고정시킨다.

감자 샌드위치

{재료}

삶은 감자 5개
삶은 달걀 2개
오이 절임
햄 1토막
마요네즈 5숟가락
설탕 2숟가락
소금 조금
후추 조금
머스터드 조금

1. 삶은 감자는 뜨거울 때 으깨어둔
다. 오이는 잘게 썰어 10분간 절
여서 물기를 꼭 짜서 준비한
다. 햄은 오이 크기만큼 썰어서
준비한다. 삶은 달걀은 잘게 다
져서 준비한다.

2. 마요네즈, 설탕, 소금, 후추를 넣
고 골고루 섞는다.

- 감자 샐러드는 감자 삶기가 제일
중요하다. 파슬파슬하게 삶는 것
이 맛을 좌우한다.

3. 샌드위치에 머스터드 소스를 펴
바르고 감자 샐러드를 올린다.

4. 빵을 포개면 감자 샌드위치는 완
성된다.

- 무거운 물건이나 그릇으로 누르지
않아도 비교적 잘 고정된다.

간장 치킨

{재료}

닭봉 22개
감자 전분 2컵
허브솔트 조금
아몬드 슬라이스 조금
통깨 조금
튀김용 기름

{간장 소스}

조림장 1/2컵
설탕 2숟가락
물엿 2숟가락

{TIP}

닭봉을 비닐봉지에 넣고
감자 전분을 넣어 입구를
막아 위아래로
흔들어주면 골고루
감자 전분이 입혀진다.
감자 전분을 사용하는
이유는 감자 전분이
열에 강해서 잘 타지
않기 때문이다.

1. 닭봉은 잡냄새 제거를 위해 우유에 30분 이상 담가두는 것이 좋다. 손질된 닭봉에 허브솔트로 밑간 해둔다. 감자 전분 옷을 입힌다.

2. 튀김용 기름에 닭봉을 넣어 센불에서 1분 튀기다가 중불에서 5~6분 정도 튀겨준다.

3. 바삭하게 튀겨진 닭봉은 기름을 빼준다.

4. 닭봉이 튀겨지는 동안 조림장, 설탕, 물엿을 넣고 끓으면 불을 줄여 5분간 조린다. 한 김 식힌 간장 소스를 닭봉에 붓으로 발라준다.

도루묵 강정
반건조

{재료}
반건조 도루묵 15마리
소금 조금
후추 조금
참기름 조금
감자 전분 2숟가락

{강정 소스}
고추장 1숟가락
케첩 2숟가락
굴 소스 1숟가락
고춧가루 1숟가락
설탕 2숟가락
물엿 1숟가락

1 반건조 도루묵에 소금, 후추, 참기름으로 밑간 해서 30분간 둔다.

2 도루묵에 감자 전분 옷을 입혀 10분간 둔다.

3 튀김용 기름에 감자 전분 옷을 입힌 도루묵을 센불에서 30초, 중불에서 1~2분 정도 튀겨낸다.

4 고추장, 케첩, 굴 소스, 고춧가루, 설탕, 물엿을 넣고 강정 소스를 만들어 튀겨낸 반건조 도루묵에 붓으로 발라준다. 강정 소스를 입힌 도루묵에 아몬드와 통깨를 뿌리면 완성이다.

☆

등산 도시락

아이들과 함께하는 산행에는 엄마표 맛있는 도시락도 늘 함께했다. 주로 간편하게 먹을 수 있는 메뉴로 도시락을 꾸렸다. 야채 스틱 대신 월남쌈을 준비하고 구워 먹고 남은 목등심을 꼬치에 끼워 색다른 분위기를 연출했다. 햄버거 못지않은 빅 오니기라즈 한 쪽이면 힘든 산행도 행복이 가득하다. 월남쌈을 말 때는 아이들이 평소 잘 안 먹는 채소를 넣어 만들면 좋다. 고기 대신 두부를 구워 넣어도 좋고 먹다 남은 삼겹살을 간장에 조려 이용해도 좋다. 특별한 재료로 만들지 않았어도 생각을 조금만 달리하면 특별한 도시락이 된다. 매일 먹는 밥과 고기로 오니기라즈를 만들고 구워 먹기만 했던 목등심도 데리야키 소스를 곁들이면 꼬치구이로 탄생한다. 채소를 싫어하는 아이들은 월남쌈 한 점에 가리는 것이 없어진다.

목등심 데리야키 소스 구이

{재료}

목살 200g

파프리카 조금

표고버섯 5개

양파 1/4토막

허브솔트 조금

참기름 조금

{데리야키 소스}

조림장 3숟가락

굴 소스 1숟가락

설탕 1숟가락

물엿 1숟가락

맛술 1숟가락

후추 조금

1. 양파, 표고버섯, 파프리카 등 채소를 비슷한 크기로 잘라 준비한다.

2. 목등심은 한입 크기로 잘라준다. 야채 크기보다 조금 더 크게 잘라주면 좋다. 참기름 약간과 허브솔트로 밑간 해준다.

   - 고기는 익으면 넓이는 줄어들고 두께는 두꺼워진다.

3. 채소와 목등심을 번갈아 꼬치에 꿰어 놓는다. 열이 오른 후라이팬에 기름을 두르지 않고 돌려가며 굽는다.

4. 조림장, 굴 소스, 설탕, 물엿, 맛술, 후추로 데리야키 소스를 만든다. 고기가 익으면 소스를 뿌려 졸이면서 굽는다.

빅
오니기라즈

{재료}

햄버거용 패티
슬라이스 햄
체다치즈
양파 1/2토막
상추
치커리
발사믹 식초 조금

1. 밥은 보통 밥보다 물 양을 적게 잡아서 고슬고슬하게 지어 놓는다. 참기름과 검정깨를 넣어 골고루 비빈다.

2. 김밥용 김의 거친 부분이 앞으로 오게 해서 밥 한 주먹을 넓적하게 펴준다. 준비한 채소와 치즈, 햄, 패티 등을 올리고 발사믹 소스를 뿌린다.

3. 마지막으로 밥을 한 주먹 더 올려 덮는다. 구운 김 한 장을 올려 양 옆을 덮어준 다음 아무것도 두르지 않은 팬에 앞뒤로 1분간 굽는다.

4. 포장지에 한번 더 싸서 반으로 자른다.
- 김 두 장이 들어갔기 때문에 그냥 먹으면 김이 질겨진다. 구워서 자르면 먹기가 좋다.

{재료}

양파

파프리카

크래미

오이

깻잎

오리훈제

라이스페이퍼

칠리 소스

1. 양파, 파프리카, 오이, 크래미는 채를 썰어 준비하고 깻잎은 반을 잘라서 준비한다.

2. 오리훈제는 찜기에 5분간 쪄서 기름을 제거한다.

3. 라이스페이퍼를 미지근한 물에 담가 불린 후 접시에 얇게 펴서 깻잎 위에 오리훈제 야채를 골고루 올려 돌돌 만다.

4. 한입 크기로 잘라 도시락에 담는다.

☆

생일 도시락

결혼하고 남편의 생일을 한번도 잊어본 적 없다. 백 마디 말보다 더 따뜻한 생일 도시락
에는 평소 남편이 좋아하는 음식을 위주로 옆 사람과 나눠 먹을 수 있도록 넉넉하게 담
아본다. 남편의 생일은 가을 갈무리가 시작될 무렵이라 비교적 먹거리가 풍부한 계절이다.
생일에 빠질 수 없는 곰탕 미역국에 문어숙회, 쇠미역, LA갈비 구이, 잡채, 전, 숙주나물,
참나물, 부추김치, 삭힌 고추김치를 담아보았다. 찬바람이 불기 시작하면 가족 보양식으
로 곰탕을 끓인다. 그 곰탕 육수로 생일 미역국을 끓이면 미역국 하나만으로도 든든한
보양식이다.

곰탕 미역국

{재료}

쇠고기 양지 150g

불린 미역 2줌

곰탕 육수 12컵

액젓 3숟가락

참기름 1숟가락

소금 조금

{미리 준비}

마른 미역은 찬물에 15~20분 정도 불려서 깨끗하게 씻어서 준비하고 쇠고기는 국거리용 양지를 준비한다.

1. 쇠고기를 참기름에 볶는다. 이때 액젓도 함께 넣는다. 쇠고기 색이 하얗게 변할 때까지 볶는다.

- 액젓은 멸치 액젓도 좋고 까나리 액젓, 참치 액젓도 좋다. 비린내는 다 날아간다.

2. 볶은 쇠고기에 미역을 넣고 5분간 볶아준다. 이때 타기 쉬우므로 곰탕 육수 1컵을 3번 나누어 넣으며 볶아준다.

3. 곰탕 육수로 국물의 양을 잡는다.

4. 끓으면 불을 줄여 5~10분 더 끓여준다.

LA갈비구이

{재료}

LA갈비 2kg

양파 반 토막

대파 1뿌리

{양념장}

조림장 1컵

매실 액 3숟가락

설탕 3숟가락

LA갈비 육수 1컵

다진 마늘 2숟가락

생강 청 1숟가락

맛술 2숟가락

참기름 1숟가락

후추 조금

1. LA갈비는 찬물에 담가 핏물을 빼 준다.

2. 핏물을 뺀 LA갈비에 양파와 대 파를 올려 압력솥에서 5분간 찐 다. 김이 빠져나가면 뚜껑을 연 다. 물 없이 쪘는데도 육수가 생 긴다.

3. LA갈비에서 나온 육수와 조림장, 매실액, 설탕, 마늘, 생강 청, 참 기름, 맛술, 후추를 넣어 짜지 않은 양념장을 만든다. 밀폐 통 에 LA갈비를 켜켜이 올리고 양념 장을 부어 1~2시간 숙성시킨다.

4. 먹을 만큼만 프라이팬에 굽는다. LA갈비는 이미 익었기 때문에 간 장양념이 불맛을 내도록 노릇하 게 구워내기만 하면 된다. 이렇게 구운 LA갈비는 식어도 맛있다.

잡채 재료 준비

{재료}

삶은 당면 1kg

쇠고기 200g

백일송이버섯 1줌

표고버섯 5개

목이버섯 조금

당근 1개

양파 1개

부추 1줌

파프리카 조금

조림장

설탕 조금

식용유 조금

소금 조금

참기름 1숟가락

통깨 조금

{양념장}

조림장 5숟가락

설탕 2숟가락

매실 액 2숟가락

다진 마늘 1숟가락

맛술 1숟가락

생강 청 조금

참기름 1숟가락

후추 조금

1. 양파, 당근, 파프리카는 채썰고 목이버섯은 미지근한 물에 불려 한입 크기로 손으로 찢어서 준비한다. 백일송이버섯은 가닥씩 분리하고 부추는 적당한 길이로 썰어 준비한다.

2. 마른 당면은 끓는 물에 5~7분 정도 삶아서 건져낸다. 건져낸 당면은 물에 씻지 말고 그대로 물을 빼준다.

- 당면이 퍼지지 않는 비결이다.

3. 쇠고기는 채 썰어 조림장, 설탕, 매실액, 마늘, 생강 청, 맛술, 후추, 참기름을 넣어 양념을 한다. 양념한 쇠고기는 양념장이 자작하게 볶는다.

4. 열이 오른 프라이팬에 깨끗한 야채부터 순서대로 볶는다. 야채는 아삭하게 볶아내는 것이 중요하다. 식용유를 약간 두르고 소금 간을 약하게 해서 볶아 식힌다.

잡채 버무리기

1. 삶은 당면에 볶은 쇠고기와 식용유 1숟가락을 넣고 볶는다.

2. 쇠고기 볶은 간장 양념이 들어가기 때문에 조림장과 설탕은 약간만 들어가면 된다.

3. 식혀둔 야채와 당면을 함께 골고루 무쳐준다.

4. 참기름과 통깨로 마무리한다.

고기 부추전과 파프리카 고기전

{재료}

부추 1줌

홍 파프리카 조금

노랑 파프리카 조금

햄버그용 패티 1개

밀가루 2숟가락

달걀 1개

소금 조금

식용유 조금

{참고}

햄버그용 패티 만들기는
226페이지를 참고한다.

1. 부추는 한 뼘 길이로 잘라둔다. 파프리카는 적당한 모양으로 잘라서 준비하고 햄버그용 패티를 1장 준비한다.

2. 파프리카와 부추에 밀가루를 뿌린 다음 고기로 속을 채운다.

3. 달걀 물을 입혀 고기소 부분이 밑으로 가게 해서 중불에서 1분 정도 굽는다. 고기소가 완전히 익으면 뒤집는다.

4. 파프리카에 달걀 물을 입혀 고기소를 넣은 부분부터 먼저 바닥으로 해 굽는다. 중불에서 1분 정도 구우면 고기소가 완전히 익는다. 고기소가 떨어지지 않게 잘 뒤집어서 다른 한쪽 면도 색이 선명하도록 굽는다.

들밥

모내기나 가을 추수 때 들에서 먹는 밥을 들밥
이라고 한다. 옛날에는 지금처럼 배달 문화가 발
달하지 않아 일꾼들의 새참과 들밥은 집에서 준
비해야 했다. 밥 먹기 전에 먹는 간식을 새참이라
고 하는데 주로 잔치국수와 막걸리였다.

들밥은 주로 채소와 생선 조림 그리고 채소전
과 비빔밥이었고 저녁으로는 쇠고기 국이나 돼지
고기 찌개를 준비했던 기억이 난다. 바쁜 엄마를
대신해 내가 들밥을 만들어놓으면 양이 많은 날
에는 리어카에 싣고 가시고 양이 적은 날엔 머리
에 이고 가셨었다. 어린 고사리손도 보태어야만
했던 나의 어린 시절의 들밥 도시락을 재현해보
았다.

{재료}

얼갈이 배추 2줌
된장 2숟가락
들기름 1숟가락
볶은 밀가루 1숟가락
멸치 육수 8컵
다진 마늘 1숟가락
대파 1뿌리
소금 조금

1 얼갈이 배추는 끓는 물에 굵은 소금을 넣고 1~2분 데쳐낸 다음 찬물에 30분 우려낸다.

2 얼갈이 배추를 적당하게 썰어 된장, 들기름, 볶은 밀가루를 넣고 조물조물 무친다.

· 볶은 밀가루를 넣으면 국물이 순하고 부드럽다.

3 멸치 육수를 부어 국물의 양을 맞춘다.

4 얼갈이 배추가 끓으면서 부드러워지고 국물의 맛이 나면 다진 마늘과 대파를 넣는다. 모자라는 간은 소금으로 마무리한다.

고갈비 구이

{재료}

생물 고등어 2마리

상추 조금

쪽파 조금

통깨 조금

소금 조금

참기름 조금

후추 조금

{양념장}

고추장 4숟가락

조림장 4숟가락

고춧가루 3숟가락

물엿 2숟가락

매실 액 1숟가락

생강가루 1/2숟가락

다진 마늘 1숟가락

맛술 1숟가락

후추 조금

1. 생물 고등어의 배를 가르고 내장을 꺼내어 손질한다. 소금, 참기름, 후추로 밑간 해 30분~1시간 정도 둔다. 양념장 재료를 모두 넣고 미리 양념을 만들어놓는다.

2. 열이 오른 프라이팬에 식용유를 조금 두르고 고등어 배부터 먼저 굽는다. 반대편 등 부분도 노릇하게 굽는다.

3. 양념을 앞뒤로 발라 고등어에 양념 맛이 배게 한다. 불을 줄여 중불에서 굽는다.

4. 다 구워진 고갈비 구이에 쪽파와 통깨를 뿌리면 완성이다.

두부조림

{재료}
두부 1모
식용유 1숟가락 반
양파 조금
쪽파 조금

{양념장}
조림장 2숟가락
멸치 액젓 2숟가락
멸치 육수 1/2컵
고춧가루 2숟가락
다진 마늘 1숟가락
물엿 1숟가락
맛술 1숟가락
후추 조금

1. 두부를 사각형으로 썬다. 양파를 채 썰고 쪽파도 다져서 준비한다.

2. 열이 오른 프라이팬에 기름을 두르고 두부를 올려 1분 정도 구워 준다. 뒤집어서 밑면도 노릇노릇 굽는다.

3. 양념장 재료를 모두 넣어 만든 양념장을 두부에 끼얹고, 불을 줄여 3~4분 조린다.

4. 양파 채를 올리고 쪽파, 통깨를 뿌리면 맛있는 두부조림 완성이다.

• 이렇게 만든 두부조림은 식어도 맛이 좋다. 두부를 너무 구우면 뻣뻣한 두부조림이 된다.

부
추
장
떡

{재료}

부추 1줌

청양 홍고추 3개

양파 조금

식용유 조금

된장 1숟가락

고춧가루 1숟가락

물 1컵

밀가루 1컵

1. 부추는 적당히 썰고 양파는 채 썬다. 청양 홍고추는 잘게 썰어둔다. 된장과 고춧가루를 준비한다.

2. 부추, 청양 고추, 양파, 된장, 고춧가루, 밀가루, 물을 넣어 반죽한다.

3. 열이 오른 프라이팬에 식용유를 두르고 얇게 펴서 노릇하게 굽는다.

4. 앞뒤로 노릇하게 구워 한 김 나가면 잘라서 그릇에 담는다.

콩나물 무침

{재료}

삶은 콩나물 3줌
멸치 액젓 2숟가락
고춧가루 2숟가락
매실 액 1숟가락
다진 마늘 1/2숟가락
다진 쪽파 1숟가락
참기름 1숟가락
깨소금 1숟가락

1 콩나물 3줌에 소금 조금과 물 2 컵을 붓고 끓이다가 김이 나면서부터 1~2분간 삶고 건진다. 중간에 뚜껑을 열면 콩나물 특유의 비린내가 나므로 뚜껑을 열지 말아야 한다.

2 삶은 콩나물은 재빨리 찬물에 씻어서 얼음물에 5~10분 정도 담가둔다. 콩나물이 아삭해진다.

3 얼음물에 담가둔 콩나물은 물기를 제거하고 고춧가루, 멸치 액젓, 매실 액, 다진 마늘을 넣고 1차로 무친다.

4 쪽파와 깨소금, 참기름을 넣고 2차로 무친다. 간이 모자란다면 소금을 약간 넣도록 한다.

무생채

{재료}

무채 3줌
쪽파 조금
고춧가루 2순가락 반
멸치 액젓 2순가락
식초 2순가락
매실 액 1순가락
다진 마늘 2/3순가락
소금 조금
참기름 1순가락
깨소금 조금

1 무 1토막과 쪽파를 준비한다.

2 무는 채 썰고 쪽파는 무채 길이
만큼 잘라둔다. 고춧가루, 멸치
액젓, 식초, 매실 액, 다진 마늘을
넣어 1차로 무친다.

3 깨소금, 참기름을 넣고 2차로 무
친다. 간이 모자라면 소금으로
마무리한다.

수능 도시락

아이가 긴장하지 않고 편안하게 수능 시험을 치
를 수 있도록 수능 도시락을 준비하는 것도 우
리 엄마의 몫이다. 수능 시험이 다가오면 엄마들
도 당황해서 뭐를 어떻게 해야 할지 고민이 생기
는데 수능 도시락은 평소 아이가 좋아하고 잘
먹는 도시락 반찬, 그리고 소화에 도움이 되는
메뉴가 좋다.

밥은 콩밥이 아닌 잡곡밥으로 준비하고 도시락
반찬에는 아이가 즐겨 먹는 반찬으로 부드럽게
준비해보도록 하자. 두부 들깨 된장국, 연어 달
걀말이, 전복 볶음, 감자 참치 샐러드, 과일을 곁
들인 수능 도시락이다.

들깨 두부 된장국

{재료}

두부 1/2모

표고버섯 2개

대파 채 조금

다진 마늘 1/2숟가락

된장 1숟가락 반

들깻가루 2숟가락

멸치 육수 6컵

소금 조금

1. 두부와 표고는 같은 크기로 썰어 둔다. 대파는 굵은 채를 썰어 준비한다.

2. 멸치 육수에 된장을 체에 걸러서 육수를 끓인다.

3. 육수가 끓어 오르면 두부와 표고 버섯, 들깻가루를 넣는다.

4. 마늘과 대파 채를 넣어 마무리한다. 모자라는 간은 소금으로 한다.

연어 달걀말이

{재료}

달걀 작은 것 7개
연어 통조림 1캔
소금 1/2숟가락
맛술 1숟가락
쪽파 조금
식용유 조금

1 달걀을 잘 풀어 소금과 잘게 썬 쪽파, 기름을 뺀 연어를 넣고 잘 젓는다.

2 달구어진 프라이팬에 달걀 물을 붓고 손잡이를 들어서 골고루 펴 준다.

3 한쪽 면부터 말아준다. 반대편 쪽에는 달걀 물을 조금씩 추가해서 프라이팬 면이 채워지도록 한다.

· 많이 반복하면 할수록 달걀말이가 오동통해진다.

4 한쪽 면에 달걀말이를 옮긴 다음 숟가락으로 밀어서 모양을 고정 시켜주면 완성이다.

· 이렇게 해서 한 김 식혀서 썬다. 모양을 더 예쁘게 만들고 싶다면 김발로 돌돌 말아서 꼭꼭 눌러준다.

굴 소스 전복볶음

{재료}

전복 2개

표고버섯 2개

양이채 약간

대파채 약간

마늘 2톨

굴 소스 1/2숟가락

조림장 1/2숟가락

맛술 1/2숟가락

후추 조금

참기름 1숟가락

식용유 1숟가락

1. 전복은 솔로 깨끗이 닦아 내장을 분리하고 이빨을 제거한 후 썰어 둔다. 표고버섯, 양파, 대파도 채를 썰어 준비한다. 마늘은 편 썰어둔다.

2. 열이 오른 프라이팬에 식용유를 넣고 마늘을 넣어 마늘 향이 올라오면 양파, 표고버섯을 넣어 센 불에서 1분간 볶는다.

3. 전복과 굴 소스, 조림장, 맛술을 넣어 간을 한다. 센 불에서 30초간 볶는다.

• 해산물은 센 불에서 재빨리 볶아야 질겨지지 않는다.

4. 대파를 넣고 후추, 참기름으로 마무리한다.

감
자
참
치
샐
러
드

{재료}

감자 1개

참치 1캔

햄 1/2토막

오이 1개

홍 파프리카 약간

노란 파프리카 약간

마요네즈 5숟가락

후추 조금

설탕 1숟가락

검정 깨 1/2숟가락

1 삶은 감자, 오이, 햄, 파프리카를 깍둑썰기로 썰어 준비한다. 참치 캔을 기름기를 제거하고 준비해 둔다.

• 재료를 다 같은 크기로 맞추면 모양이 더 예쁘다.

2 마요네즈 설탕, 후추, 검정 깨를 넣고 버무린다.

3 이때 감자는 완전히 식혀야 한다. 감자가 뜨거우면 마요네즈가 녹는다.

어떤 도시락에도 잘 어울리는

김치

살림하면서 가장 많이 만들어 본 음식이 뭔지 생각해보면 김치일 것 같다. 맏딸인 나는 결혼 전에도 부엌살림을 도맡아 했기 때문에 결혼 후 첫 김치도 실패가 없었다. 웬만한 반찬과 국은 이미 혀 끝에 녹아 있는 솜씨로 척척 해냈고, 남편의 도시락을 싸고 고마운 분들에게 김치 선물을 하면서 자연스럽게 맛있는 김치 담는 법을 깨우쳤다. 지금은 김치 담는 것을 참 좋아한다.

'어떤 도시락에도 잘 어울리는 김치'는 구하기 쉬운 재료를 이용해 만들 수 있고 누구나 다 좋아할 김치로 정리했다. 도시락 반찬으로는 국물이 많지 않은 풋김치나 무김치가 제일 적당하다. 도시락 주인공이 말하길, 육젓이 많이 들어간 젓갈 김치는 잃었던 입맛도 돌아오게 했고 새우젓으로 맛들인 무김치는 밥이 술술 넘어갔다고 한다.

채소를 가장 맛있고 오래 먹을 수 있는 방법이 김치라는 생각이 든다. 친정에서 대량으로 가져온 채소들로 김치를 담가놓으면 도시락 반찬은 걱정이 되지 않았다. 20여 년간 도시락을 꾸준히 쌀 수 있었던 비결 중 하나다.

열무김치

열무는 여름 채소지만 요즘은 사시사철 열무를 구입할 수 있어서 언제든지 담가 먹을 수 있다. 봄부터 담가 먹는 열무김치에 홍고추를 갈아 넣으면 맛이 더 좋았다. 열무김치가 익으면 다른 반찬이 필요 없는 열무 비빔밥 도시락도 별미다. 또 열무김치 볶음은 입맛 살리는 도시락 반찬이 되어주기도 했다. 잘 익은 열무김치는 생선을 넣어 지져도 잘 어울린다.

―――――――――― 재료 ――――――――――

열무 2단 ◦ **천일염** 2/3컵 ◦ **고춧가루** 반 컵 ◦ **새우젓** 4숟가락 ◦ **멸치 액젓** 4숟가락 ◦

홍고추 10개 ◦ **사과** 1/4토막 ◦ **마늘** 반 컵 ◦ **생강** 1쪽 ◦ **양파** 반 개 ◦

멸치 육수 1컵 ◦ **매실 액** 약간 ◦ **통깨** 조금

TIP 물 1컵에 찹쌀가루 1숟가락을 넣어 찹쌀 풀을 쑨다

열무는 뿌리 부분을 칼로 긁어내어 손질
해둔다.

열무를 3등분하고 찬물에 두 번 씻은
후 켜켜이 소금을 뿌린다. 소금을 뿌리고
물 3컵을 뿌리면 더 잘 절여진다.

—

이 방법이 어려우면 소금물을 만들어서 열무
를 절여도 된다.

열무를 절이고 30분 후 열무를 위아래
로 뒤집어서 꼭꼭 눌러준다. 20분 정도
더 지나면 열무가 잘 절여진다

—

열무 절여지는 시간은 실내 온도에 따라 차이
가 있으니 열무 상태를 확인하는 것이 좋다

잘 절여진 열무는 흐르는 물에 3번 씻고
소쿠리에 물기를 빼준다.

홍고추 10개, 사과 1/4토막, 마늘 반 컵,
생강 1쪽, 양파 반 개, 멸치 육수 1컵을 믹
서로 갈아 1차 양념을 만든다. 홍고추 입
자가 살아 있게 적당히 갈아준다.

1차 양념에 고춧가루 반 컵, 새우젓 4숟
가락, 멸치 액젓 4숟가락, 찹쌀 풀, 매
실액 조금, 통깨 조금을 넣어 2차 양념
을 한다.

열무김치 양념은 걸쭉하다. 단맛은 기호
에 따라 매실 액으로 조절하면 된다.

준비된 열무에 양념을 부어 풋내가 나지
않게 위아래로 뒤집어가면서 버무린다.

—

열무를 살살 다루어야 풋내가 나지 않는다.

알배추 겉절이 김치

멸치 육젓을 넣어 담근 알배추 겉절이 김치는 입맛 없을 때나 갓 담근 김치가 먹고 싶을 때 담가 먹는 김치다. 통배추보다 다루기 쉬운 알배추로 후다닥 담가 먹을 수 있는 간편 김치다.

─────────────── (재료) ───────────────

알배추 3통 ○ **부추** 1줌 ○ **천일염** 2/3컵 ○ **물** 3컵 ○ **고춧가루** 1컵 ○ **찹쌀 풀** 반 컵 ○
멸치 액젓 2숟가락 ○ **멸치 육젓** 3숟가락 ○ **다진 마늘** 2숟가락 ○ **양파** 1/4 토막 ○
다진 생강 1숟가락 ○ **사과** 1/4토막 ○ **멸치 육수** 반 컵 ○ **설탕** 조금 ○ **통깨** 조금

알배추를 칼로 내리치듯 썰어서 켜켜이 천일염을 뿌리고 물 3컵을 붓는다. 30분 뒤 위아래로 뒤집어서 잘 절인다.

—

알배추는 온도에 따라 절여지는 시간이 다르다. 겨울에는 2시간 30분이 지나니 잘 절여졌다.

잘 절여진 알배추는 흐르는 물에 여러 번 씻어 소쿠리에 30분 정도 물기를 빼준다.

고춧가루, 찹쌀 풀, 멸치 액젓, 멸치 육젓, 다진 마늘, 생강, 양파, 사과, 멸치 육수, 설탕, 통깨를 넣어 입맛에 맞게 양념을 한다. 양파와 사과는 갈아서 넣는다.

—

알배추가 절여지는 동안 양념을 미리 만들어 두면 좋다.

알배추에 부추 1줌과 양념을 넣고 양념을 잘 버무린다.

꼬들 무김치

소문난 설렁탕 집 깍두기 맛을 보고 만들었던 꼬들 무김치다. 아작아작 무 썹는 소리가 나서 아작 무김치라고도 불러보지만 내 맘대로 만들었으니 이름도 내 마음이다. 무의 수분을 빼지 않고 담가 먹는 무김치는 시원한 맛이 일품이지만 꼬들 김치처럼 수분을 빼서 담가 놓으면 국물이 많지 않아 도시락 반찬으로 아주 좋았다.

─────────────(재료)─────────────

무 1개 ○ **천일염** 반 컵 ○ **물** 2컵 ○ **고춧가루** 반 컵 ○ **새우젓** 1숟가락 ○ **멸치 액젓** 1숟가락 ○

찹쌀 풀 2숟가락 ○ **생강 청** 1숟가락 ○ **멸치 육수** 반 컵

TIP 무김치 양념은 무 단맛의 상태에 따라 조금 다르다. 단맛이 적고 매운맛이 많은 여름 무에는 설탕을 조금 추가해도 좋다. 겨울 무처럼 단맛이 많은 무에는 생강 청만 넣어도 충분하다

무를 4등분해서 부채꼴 모양, 0.7cm 두께로 썬 다음 굵은 소금을 켜켜이 뿌리고 물 2컵을 부어 절인다.

30분 정도 지나 무에서 수분이 빠지면 위 아래로 뒤집어서 30분 더 절인다.

절여진 무는 흐르는 물에 3~4번 씻어 소쿠리에 물을 빼준다.

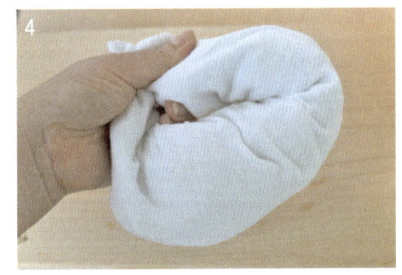

마른 거즈로 또 한 번 수분을 뺀다.

—

무를 마른 거즈에 적당히 놓고 돌돌 말아 꼭 누르거나 짜면 무가 상하지 않고 잘 짜진다.

꼬들꼬들한 무가 준비가 되었다. 무를 꺾어보아도 야들야들해야 수분이 제대로 빠진 것이다. 무가 부러지면 덜 절여진 상태다.

무가 절여지는 동안 양념을 미리 해둔다. 무김치 양념은 차진 편이다.

꼬들 무에 양념을 넣어 버무리면 꼬들 무김치가 완성된다.

—

수분을 많이 뺐어도 익는 과정에서 또 수분이 나와 먹기 좋게 양념이 어우러진다.

실온에 하루 정도 익혔다가 냉장고에 보관해두고 먹는데, 새콤하게 익으면 더 맛이 좋아진다.

깻잎 김치

누구나 부담 없이 좋아하는 깻잎으로 김치를 담근다. 생 깻잎 김치는 한꺼번에 많이 담가 먹기 보다는 끼니 때마다 조금씩 담가 먹는 즉석 김치로 좋다. 일주일 정도 먹을 만큼만 담근다.

(재료)

깻잎 60장 ◦ **고춧가루** 반 컵 ◦ **멸치 액젓** 3컵 ◦ **조림장** 3숟가락 ◦ **다진 마늘** 1숟가락 ◦

조청 3숟가락 ◦ **멸치 육수** 반 컵 ◦ **양파** 반 토막 ◦ **청홍 고추** 1개 씩 ◦ **통깨** 조금

깻잎은 1장씩 잘 씻어 수분을 뺀다.

양념을 만들어둔다.

—

된 양념보다는 걸쭉한 양념이 바르기 좋다.

생 깻잎 2장마다 양념을 1숟가락 떠서 켜
켜이 바른다.

밀폐 통에 담아 1시간 정도 지나면 깻잎
에서 물이 나온다. 양념이 섞이지 않은 검
은 양념 물인데 깻잎이 숨이 죽으면서 나
오는 물이다.

—

이 물은 따라내고 보관하는 것이 생 깻잎 김치
를 며칠 동안 맛있게 먹을 수 있는 비법이다.

오이소박이

오이는 청오이와 백오이가 있다. 청오이보다는 백오이가 오이소박이용으로 더 좋다. 매콤한 부추 양념을 오이 속에 채워 김치를 담그는데, 갓 담근 것도 좋고 새콤하게 익어도 맛이 좋다. 수분이 풍부하고 해독 작용이 있는 오이로 담은 오이소박이 김치는 회식하고 난 다음 날 도시락 반찬으로 좋았다.

──────── (재료) ────────

백오이 5개 ○ **소금** 반 컵 ○ **물** 7컵 ○ **부추** 1줌 ○ **양파** 조금 ○ **당근** 조금 ○
고춧가루 반 컵 ○ **멸치 육수** 2숟가락 ○ **찹쌀 풀** 2숟가락 ○ **액젓** 2숟가락 ○ **마늘** 1숟가락 ○
다진 생강 1/2숟가락 ○ **조청** 1숟가락 반 ○ **통깨** 조금

오이에 사방으로 길게 칼집을 넣는다.

소금물에 오이를 절인다. 오이가 뜨지 않게 무거운 접시나 돌을 얹어 절이는 것이 좋다. 2시간 동안 절이면 적당한데, 실내 온도에 따라 시간이 조금씩 다르다.

—

잘 절여진 오이는 구부려도 부러지지 않는다. 덜 절여진 오이는 탄력이 없어 부러진다.

부추와 당근, 양파를 2cm 간격으로 썰고, 고춧가루 양념에 넣어 버무리면 양념은 완성이다.

잘 절여진 백오이에 양념을 구석구석 넣어 속을 채운다.

—

오이소박이를 담가보니 칼집을 길게 넣어 통으로 담아서 보관하는 것이 먹기 좋았다.

일년 내내 변하지 않고 짜지 않은

장아찌

봄부터 여름까지 제철에 나오는 채소로 장아찌를 부지런히 담가두면 특별한 날 고기 요리와도 잘 어울리고 도시락 반찬으로도 요긴하게 이용할 수 있다. 그러니 때를 놓치지 말고 열심히 장아찌를 담가두도록 하자.

장아찌를 많이 담그다 보니 요령이 생겼다. 여기서는 즐겨 담그는 장아찌 몇 가지를 간추려 소개해보려고 한다. 맨입에 먹어도 짜지 않아 건강한 도시락에도 자주 들어간다.

장아찌 담그기는 장물 비율만 잘 맞추면 비교적 쉽지만, 담그는 것보다 관리가 더 중요하다. 중간에 물이 들어가거나 오염이 되지 않아야 다 먹을 때까지 맛있게 먹을 수 있다.

오이지

오이지는 장마가 찾아오기전 5월 말에서 6월 초에 매실 장아찌와 같이 담그면 좋다. 오이는 상주 백다다기 오이를 최고로 쳐준다. 구부러지지 않은 백다다기 오이를 구매하도록 한다. 싱싱한 백오이는 꽃이 달려있고 가시가 까슬까슬하다.

 재료 **상주 백다다기 오이** 100개 ○ **소금** 3kg ○ **설탕** 3kg ○ **식초** 1800ml ○ **물** 5L

1 고무장갑을 끼고 흐르는 물에 하나씩 씻고 소쿠리에 올려 물기를 완전히 빼준다.

2 설탕과 소금을 섞어 백오이에 켜켜이 뿌리고 하룻밤을 절인다. 하룻밤이 지나면 오이가 절여져서 휘어져 있다.

3 오이 절인 물은 버리지 말고 그 물에 물과 식초를 넣어 끓인다.

4 끓인 장물은 뜨거운 상태로 절인 오이에 붓는다.

5 누름돌을 올려 하룻밤을 실온에서 보내면 오이시 완성이다.

명이나물 장아찌

봄이면 울릉도 명이나물을 어렵사리 구한다. 가격이 비싼 만큼 맛을 보장하는 명이
나물 장아찌는 고기쌈으로도 좋고 쌈밥으로도 좋다.

재료 **명이나물** 1kg

장물 **물** 10컵 ○ **진간장** 1컵 반 ○ **액젓** 1컵 반 ○ **설탕** 2컵 ○ **매실 액** 1컵 ○ **식초** 2컵

1 명이나물은 깨끗이 씻어 물기를 빼준다.

2 비율대로 장물을 만들어 끓인 다음, 식혀
서 명이나물에 붓는다.

3 명이나물이 떠오르지 않도록 누름돌을
이용하여 눌러둔다. 이 과정을 보름 간격
으로 3번 거치면 일년 내내 변함없이 먹
는다.

깻잎장아찌

초여름 부드러운 깻잎으로 새콤달콤하게 담근 깻잎장아찌는 짜지 않아서 좋다.

재료 **깻잎** 300장

장물 **집간장**(국간장) 2컵 ○ **멸치 액젓** 2컵 ○ **설탕** 3컵 ○ **식초** 3컵 ○ **물** 8컵 ○ **청양 고추** 5개 정도

1 깻잎은 1장씩 흐르는 물에 씻어 물기를 제거한다.

2 깻잎을 차곡차곡 포개어 밀폐통에 담아 둔다.

3 비율대로 장물을 끓인다. 단, 식초는 한번 끓어 오른 후에 넣는다.

4 보름 간격으로 3번 장물을 끓여 식혀서 냉장 보관해두고 먹는다.

마늘종 장아찌

짜지 않게 담근 마늘종 장아찌는 그대로 먹어도 좋고 고추장 소스에 무쳐 도시락반 찬으로 싸도 좋다.

재료 **마늘종** 4kg

장물 **진간장** 2컵 ◦ **액젓** 1컵 ◦ **국간장** 1컵 ◦ **설탕** 2컵 ◦ **물** 10컵
　　　◦ **식초** 1컵과 2/3컵 ◦ **매실 액** 1컵

1　마늘종의 질긴 줄기는 잘라버리고 깨끗이 씻어 4~5cm 간격으로 잘라둔다.

2　비율대로 장물을 끓여 식혀서 마늘종에 붓는다.

　　식초와 매실 액은 끓은 후에 넣어 다시 한 번 후루룩 끓여서 식힌 다음 붓는다.

양파 장아찌

다른 장아찌와 달리 장물을 끓이지 않고도 맛있게 만들 수 있다.

재료 **양파** 50개 ○ **진간장** 6컵 ○ **국간장**(집간장) 1컵 ○ **멸치 액젓** 1컵 ○ **설탕** 8컵 ○ **식초** 6컵

1 양파는 껍질을 벗기고 칼집을 십자로 넣
   어 물기 없이 준비한다. 청양 고추도 몇
   개 준비한다.

2 장물에 들어가는 설탕을 완전히 녹여서
   통 양파에 그대로 부어주면 된다.

3 양파가 떠오르지 않도록 누름돌로 눌러
   서 보관한다.

4 한 달이 지나야 양파 장아찌가 완성되지
   만 만들고 2주 후부터는 먹을 수 있다.

5 한 달 동안은 실온에서 보관하다가 한 달
   후에 장아찌가 완성되면 김치냉장고에
   보관해두고 먹는다.

통마늘 장아찌

재료 **통마늘** 100개 기준

장물 **물** 12컵 ◦ **국간장** 2컵 ◦ **진간장** 3컵 ◦ **액젓** 2컵 ◦ **설탕** 3컵 ◦ **식초** 3컵 ◦ **매실 액** 2컵

1 남해 통마늘로 준비한다. 겉껍질은 벗겨
   내고 마늘을 손질한다.

2 깨끗이 씻어 물기를 빼준다.

3 비율대로 징물을 만들어 마늘에 붓는다.

4 마늘이 떠오르지 않게 누름돌로 눌러 실
   온에 한 달 보관 후 김치냉장고에 넣는다.

   담그는 방법이 양파 장아찌와 동일하다. 장
   물을 다시 끓여 붓지 않아도 돼, 간단하고
   편리해서 양파 장아찌와 통마늘 장아찌는
   이 방법을 이용한다.

콩잎 장아찌

콩잎 간장 장아찌는 담가서 하루 만에 먹을 수 있다.

재료 **콩잎** 20단

장물 **진간장** 6컵 ○ **멸치 액젓** 1컵 ○ **국간장** 1컵 ○ **매실 액** 2컵 ○ **설탕** 4컵 ○
식초 4컵 ○ **마늘** 10톨 ○ **사천 고추** 8개 ○ **말린 생강** 10조각 ○ **물** 16컵

1 어린 콩잎을 하나씩 따서 준비한다. 깨끗이 씻어 물기를 뺀다.

2 진간장, 멸치 액젓, 국간장, 매실 액, 식초, 설탕, 통마늘, 사천 고추, 말린 생강을 넣고 끓으면 불을 줄여 10분 정도 끓여준다.

3 미지근한 장물을 콩잎에 붓는다.

4 무거운 누름돌로 1시간 정도 두면 콩잎이 숨이 죽는다. 그때 밀폐 통 뚜껑을 닫으면 된다.

5 담가놓고 하루만 지나면 콩잎 장아찌가 완성된다.

행주치마의

집밥 도시락

초판 1쇄 발행 | 2017년 1월 17일
초판 2쇄 발행 | 2017년 2월 27일

지은이 | 조수경
발행인 | 이원주

임프린트 대표 | 김경섭
기획편집 | 김순란·강경양·한지은·정인경
디자인 | 정정은·김덕오
마케팅 | 노경석·조안나·이유진
제작 | 정웅래·김영훈

발행처 | 미호
출판등록 | 2011년 1월 27일(제321-2011-000023호)

주소 | 서울특별시 서초구 사임당로 82
전화 | 편집 (02) 3487-2814·영업 (02) 3471-8045

ISBN 978-89-527-7782-9 13590

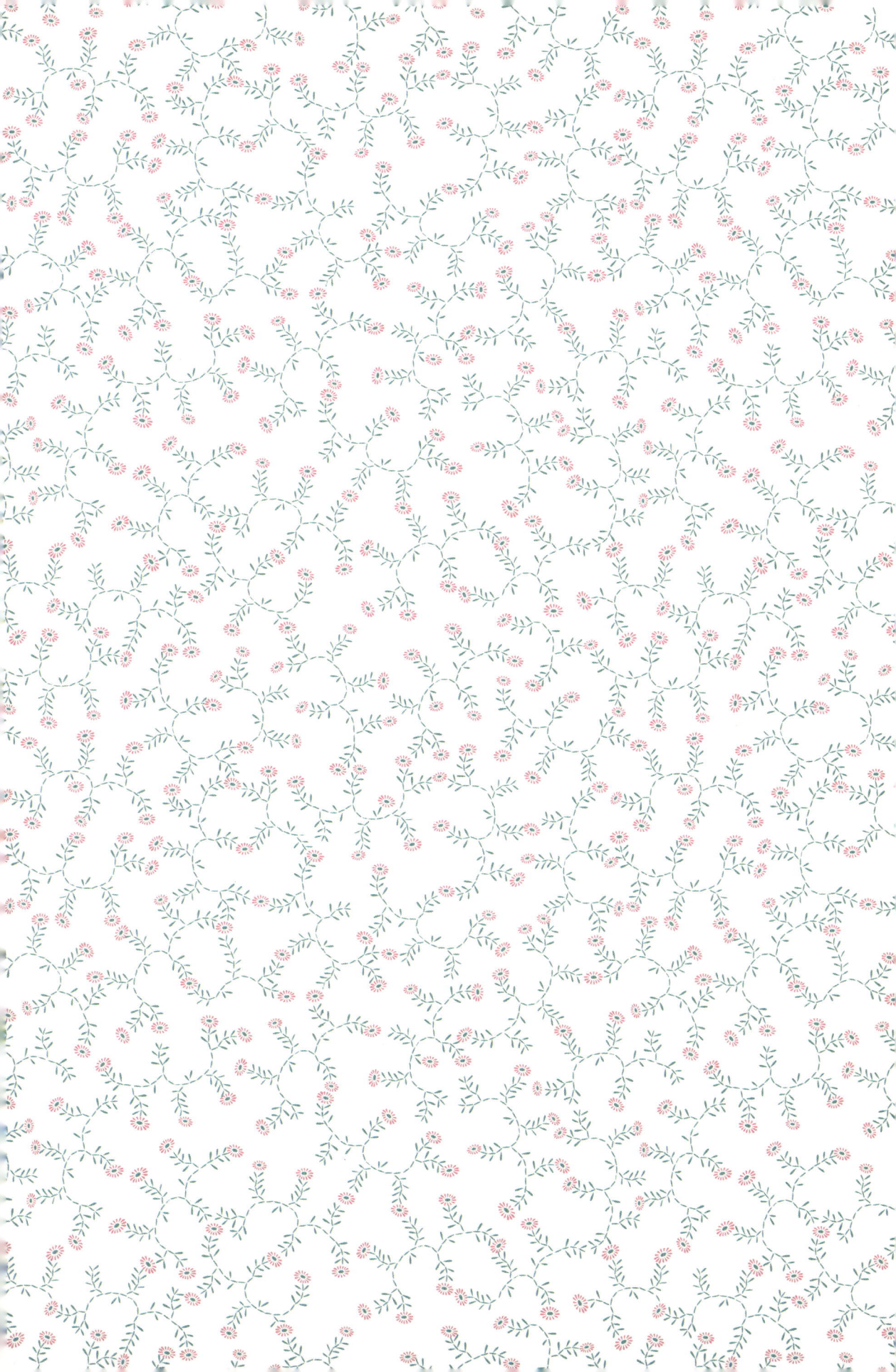